기상과 AI

AI문고

인공지능 시대입니다. 기계가 인간의 인지를 대신하고, 사물이 인간을 통하지 않고 다른 사물과 직접 커뮤니케이션합니다. 이에 따른 인간 삶과 문명 변화를 정확히 이해·예측·대응하는 것은 이 시대 우리 모두의 과제입니다. AI문고는 인공지능 기술과 환경의 여러 주제를 10가지 키워드로 정리합니다. 관련 개념과 이론, 학계와 산업계의 쟁점, 우리 일상의 변화를 다룹니다. 인간과 기술의 현재, 미래를 세심히 분석합니다.

일러두기

- 인명, 작품명, 저서명, 개념어 등은 한글과 함께 괄호 안에 해당 국가의 원어를 병기했습니다.
- 외래어 표기는 현행 어문규정의 외래어표기법을 따랐습니다. 다만 '딥러닝', '솔루션' 등 일부 표기는 관행을 따랐습니다.
- 10장 "기상학자 A의 하루"는 GPT의 도움을 받아 작성되었습니다.

처음이세요?

전문가세요?

기상과 AI

최예지

대한민국, 서울, 커뮤니케이션북스, 2025

기상과 AI

지은이 최예지
펴낸이 박영률

초판 1쇄 펴낸날 2025년 3월 31일

커뮤니케이션북스(주)
출판 등록 2007년 8월 17일 제313-2007-000166호
02880 서울시 성북구 성북로 5-11
전화(02) 7474 001, 팩스(02) 736 5047
commbooks@commbooks.com
www.commbooks.com

ISBN 979-11-7307-960-3 03500

책값은 뒤표지에 표시되어 있습니다.

차례

날씨와 인공지능의 만남

네이버가 공개한 2023년 검색어 결산에 따르면, 네이버 모바일 이용자들이 가장 많이 검색한 키워드는 '날씨'였다. 이 결과는 날씨가 우리 생활과 얼마나 밀접하게 연관되어 있는지를 보여 준다. 우리가 매일 날씨를 확인하는 것은 일기 예보에 대한 신뢰를 바탕으로 하지만, 예보 정확도가 100%에 도달하지 못하기 때문에 예보에 만족하지 못하는 경우도 발생한다. 기상청의 자체 평가에 따르면, 우리 생활에 큰 영향을 미치는 강수 예보 적중률은 2023년에 약 80%로, 2021년 78%에 비해 개선되고 있음을 확인할 수 있다. 그러나 기상청 예보에 대한 국민 만족도는 오히려 해마다 낮아지고 있는 추세다. 최근 인공지능을 활용해 기상 예측을 개선하려는 시도가 증가하고, 기존의 수치 예보 모델보다 더 좋은 성능을 보인다는 연구 결과가 발표되고 있다. 과연 예보 정확도가 100%가 되는 날이 올 수 있을까?

인공지능(Artificial intelligence)이라는 용어는 1956년 다트머스 대학에서 열린 여름 학술 프로젝트의 제안서에서 처음 사용되었고, 이후 70여 년 동안 인간의 복잡한 문제를 해결하기 위한 도구로 발전해 왔다. 그리고 2024년 현재 이 단어가 언급되지 않은 연구 주제를 찾아보기 어려운 상황이 되었다. 기초 연구 분야뿐만 아니라 기상 예보를 현업으로 하는 한국 기상청에서도 2019년부터 기상 빅데이터와 인공지능 기술을 융합한 알파웨더를 개발해 2025년부터는 인공지능을 이용한 초단기 강수 예측에 활용할 계획을 발표했다. 최근 획기적인 기술 발전을 이끌고 있는 인공지능이 과연 초단기 강수 예측에서도 기존의 한계를 극복하고 우리가 만족할 만한 예보 정확도를 보일 수 있을지 기대된다.

1956년 다트머스에서 열렸던 여름 학술 프로젝트에서는 기계의 자동화, 언어 사용 능력, 정보를 추상화하는 방법, 창의적 사고와 상상력을 발휘하기 위한 무작위성, 그리고 기계가 스스로 개선되는 방법 등을 논의하며 인공지능의 연구 방향성을 모색했다. 1950년대는 초기 디지털 컴퓨터의 계산 능력이 빠르게 증가하고 있었던 때로, 당시 논의된 인공지능이 몇 년 안에 인간 수준의 지능으로 구현될 것이라 낙관될 만큼 많은 발전이 있었다.

이러한 컴퓨터의 발전은 날씨 예측에도 큰 진전을 가져왔다. 1946년부터 1953년 사이, 현대 컴퓨터의 아버지라 불리는 존 폰 노이만(John Von Neumann)과 이론 기상학의 선구자인 줄 그레고니 차니(Jule Gregory Charney)가 주도한 프린스턴 기상 프로젝트는 이 진보의 출발점이 되어 수치 기상 예측 시대를 열었다. 1950년, 이 프로젝트는 에니악(ENIAC) 컴퓨터를 활용해 특정 날짜의 24시간 날씨 예보에 최초로 성공하면서 기상 예측의 새로운 가능성을 열었다.

날씨는 개인의 일상생활부터 농업, 교통, 에너지 등 산업 전반에 영향을 미치며, 우리의 의식주와도 밀접하게 관련되어 있다. 따라서 오래전부터 우리는 날씨를 예측하고자 다양한 시도를 해 왔다. 기상 예측에 대한 기록은 고대 그리스에서도 찾아볼 수 있으며, 기원전 340년경 아리스토텔레스가 집필한 『기상론(Meteorologica)』은 당시의 기상 현상에 대해 백과사전 형식으로 정리한 저서였다. 제1권은 비, 구름, 안개, 이슬, 서리, 눈, 우박, 바람 등에 대해 다루었고, 제2권은 천둥과 번개에 대한 내용이 포함되었고, 제3권은 허리케인, 태풍, 무지개 등에 대해 설명하고 있다. 이 시대에는 온도계, 기압계 등 기본적인 기상 관측 장비가 없었기 때문에 과학적인 관찰이 어려워 아리스토텔레스는 경험에 근거한 철학적 사고를 통해 자연 현상을 설명하려 했다. 이에 따라 천둥

보다 번개가 먼저 발생한다는 등의 잘못된 설명도 있었지만, 이 책에 담긴 내용은 이후 2000년 동안 기상학 분야에 많은 영향을 미쳤다.

이 책에 이어 아리스토텔레스의 제자였던 테오프라스토스(Theophrastus)도 『비, 바람, 폭풍, 맑은 날씨의 징후에 관해서』를 집필해 날씨 예보의 기본서로서 날씨 현상에 대한 과학적 근거를 설명하려 했으나, 이 책 역시 "새벽에 하늘이 붉은색을 띠면 3일 이내에 비가 올 것"이라는 등의 단순화된 설명을 포함하고 있어 부정확한 부분이 있다. 이는 당시 기술적 도구의 부재로 많은 부분 검증이 되지 않았기 때문이지만, 이러한 고대와 중세 초기 경험에 근거한 자연 철학적 접근이 기상 현상에 대한 이론적 설명을 시도했다는 점에서 큰 의의가 있다. 특히 이 책에 담긴 주제들은 르네상스 시대를 거치며 관측, 실험, 검증을 중시하는 과학적 방법론의 도입으로 검증되었으며, 이후 기상 현상이 수학적이고 물리적인 과학적 원리로 구체화되면서 기상 예측에도 새로운 변화가 시작되었다.

과학적이라고 하기 위해서는 실험적 검증이 필수적이며, 이를 위해서는 정확한 관측과 측정을 수행할 수 있는 장비가 필요하다. 관측은 체계적인 분석을 위한 기본 정보를 제공하며, 날씨의 핵심 요소인 온도, 기압, 습도, 바람, 강수는 기상 관측의 가장 기본이 된다. 그중에 가장 먼저 장비를 통해 관측된 것은 강수다. 1441년 조선 시대 세종대왕이 발명한 측우기는 최초의 강수 관측 장비로 인정받으며, 한국의 자랑스러운 과학적 유산으로 평가된다. 이후 1450년 이탈리아의 건축가 레온 바티스타 알베르티(Leon Battista Alberti)가 풍속계를 개발하며 바람을 관측할 수 있게 되었고, 1480년 이탈리아 르네상스 미술의 거장 레오나르도 다빈치(Leonardo da Vinci)가 최초의 습도계를 발명하면서 습도 관측도 시작되었다. "측정할 수 있는 것을 측정하고, 측정할 수 없는 것을 측정 가능하게 만들어라"라고 말했던 계몽주의 시대의 학자 갈릴레오 갈릴레이(Galileo Galilei)는 1593년 온도계를 발명했고, 그로부터 50년 뒤인 1643년 에반젤리스타 토리첼리(Evangelista Torricelli)가 기압계를 최초로 발명하면서 17세기가 되어서야 날씨의 기본 요소인 기온, 바람, 습도, 기압, 강수의 정량적 관측이 가능해졌다. 이처럼 기상 현상을 체계적으로 관측하고 과학적으로 기록하는 작업은 15세기에서 17세기에 걸쳐 현실화되었으며, 18세기에 이 관측 데이터의 중요성이 점차 인식되었다. 특히 독일 만하임(Mannheim)에서는 1780년 팔라

티나 기상학회(Societas Meteorologica Palatina)가 설립되어, 국제적인 기상 관측 네트워크가 구축되기 시작했다. 그러나 19세기 중반까지도 내일의 날씨를 알고자 하는 기상 예측 분야는 점성술 영역으로 치부되었다.

이후 통신망의 등장은 기상 예측 발전에 중요한 전환점을 가져왔다. 여러 지역에서 수집한 기상 정보를 전신을 통해 실시간으로 공유할 수 있게 되면서, 이를 종합해 날씨를 예측할 수 있다는 생각이 유럽과 미국에서 점차 확산되기 시작했다. 영국의 로버트 피츠로이(Robert FitzRoy)는 기상 예보를 조롱하던 영국 의회를 설득해 1861년 최초의 기상 예보인 폭풍 경보 서비스를 시작했다. 그는 최초로 날씨 예보라는 용어를 사용했으며, 영국과 아일랜드 주변의 기상 관측소에서 오전 9시 기압, 온도, 풍향과 풍속, 구름의 양 등의 기상 상황을 전달받아 일일 보고서로 정리하고, 폭풍 경보를 제공했다. 비슷한 시기인 1858년 미국의 물리학자 조지프 헨리(Joseph Henry)도 각 전신국의 협력을 얻어 기상 자료를 수집했고, 수집된 기상 자료들을 일기도화해 한눈에 국가 전역의 대기 상태를 보여 주고자 했으며, 이를 활용해 일기 예보도 가능할 것이라 했다. 하지만 1861년 그의 예보 계획이 실현되기 전에 미국에서 남북 전쟁이 발발해 기상 프로젝트는 안타깝게도 더 이상 진행할 수 없게 되었다. 프랑스는 1854년 크림반도를 휩쓴 큰 폭풍으로 막대한 피해를 입게 되었고, 프랑스 정부는 사전에 이러한 피해를 예방할 수 있는 방법을 찾는 것에 관심을 갖게 되었다. 프랑스 정부는 당시 파리 천문대장이었던 위르뱅 장 조제프 르베리에(Urbain Jean Joseph Le Verrier)에게 이 일을 맡겼고, 그는 폭풍 경보 발령을 위한 기상 관측망을 구축하고, 1858년부터 국내외 기상 전보를 수집할 수 있는 체계를 마련했다. 1863년, 그는 세계 최초로 일일 일기도를 실은 신문을 발간하는 성과를 거두었다.

20세기에 들어서면서 단순히 관측 데이터를 분석하는 방식에서 벗어나 대기의 물리적 관계를 수식화해 수학적 계산을 통해 기상을 예측할 수 있다는 개념이 등장했다. 이러한 접근 방식은 대기를 유체 역학적 시스템으로 이해하고, 이를 수치적으로 해석하려는 시도로 이어졌다.

미국의 기상학자 클리블랜드 애비(Cleveland Abbe)와 노르웨이의 물리학자 빌헬름 비에르크네스(Vilhelm Bjerknes)는 물리학 법칙을 이용해 계산을 통해 날씨를 예측할 수 있다는 것을 제안했다. 관측된 현재 날씨를 시작으로 편미분 방정식을 적분한다면 미래의 날씨를 계산해 알 수 있다는 것이었다. 클리블랜드 애비는 기상학은 본질적으로 유체 역학과 열역학을 대기에 적용하는 것이라고 인식하고, 1901년 논문 "장기 기상 예보의 물리적 기초"에서 기상 예보를 위한 물리 방정식을 해결하기 위해 분석적 · 수치적 방법을 고안할 것을 촉구했고, 1904년 빌헬름 비에르크네스는 "기상 예측 문제를 역학과 물리학의 관점에서 고려하면"이라는 논문을 출판해 날씨 예측을 위한 2단계 절차를 제안했다. 그는 대기 상태가 물리적 법칙에 따라 이후 상태로 발전한다는 것이 사실이라면, 기상 예측 문제를 합리적으로 해결하기 위해서는 특정 시점에서 대기 상태를 충분히 정확하게 알아야 하며(진단), 한 대기 상태가 다른 상태로 변화하는 법칙을 충분히 정확하게 알아야 한다(예측)고 했다. 진단을 위해서는 대기 상태를 설명하는 일곱 가지 변수인 기압, 온도, 밀도, 습도, 바람 벡터(동서, 남북, 연직 방향)가 정의되어야 하며, 질량 보존, 운동량 보존, 열역학 제1법칙, 제2법칙과 이상 기체 방정식을 기반으로 하는 수치적 방법을 활용해 미래의 대기 상태를 추정할 수 있다고 설명했다.

그 후 1922년 루이스 프라이 리처드슨(Lewis Fry

Richardson)은 빌헬름 비에르크네스가 제안한 방정식을 근사적으로 해결할 수 있도록 단순화해 대기 상태에 대한 여섯 시간 예보를 6주 동안 직접 계산해 결과를 도출했다. 물론 큰 오류를 포함한 결과였지만, 그는 사후 분석을 통해 초기 조건의 불확실성으로 인해 큰 오차가 발생했다고 설명했다.

미래를 예측하기 위해서는 이처럼 초기 조건, 즉 현재 상태에 대한 정보를 정확하게 아는 것이 매우 중요하며, 시간이 흐르는 속도보다 더 빠르게 예측 결과를 얻어야만 의미 있게 활용될 수 있었기 때문에, 빠른 계산은 예측에서 중요한 요소가 되었다. 현재로부터 여섯 시간 이후의 기상 정보를 6주 후에나 얻게 된다면, 그것은 이미 예보가 아닌 불필요한 과거의 정보가 되기 때문이다.

신뢰성 있는 예측 정보를 생성하기 위해서는 초기 조건의 정확성이 핵심 요소다. 이를 위해서는 관측을 통해 현재 대기 상태를 정확히 파악하고, 동시에 관측할 수 없는 지역의 대기 상태에 대한 불확실성을 최소화하는 것이 중요하다. 또한, 예측 과정에서는 대기의 복잡한 물리적 특성을 반영한 모델을 통한 빠른 계산 능력이 요구되므로, 자동 계산 기계의 필요성이 더욱 강조된다.

자동 계산 기계의 필요성은 기상 예측 분야에서 중요

한 과제였던 만큼, 서두에 언급한 두 사람인 존 폰 노이만과 줄 그레고리 차니의 핵심 관심사였고, 이 둘이 프린스턴 프로젝트를 통해 풀고자 한 문제였다. 이들은 기상 예측을 위한 수학적 모델을 정립하고, 방정식을 풀기 위한 수치 알고리즘을 설계해, 1950년 이를 논문으로 발표했다. 당시 사용할 수 있었던 컴퓨터는 에니악이었으며, 이들은 이 컴퓨터를 활용해 최초의 수치 적분 실험을 수행했다. 이 수치 적분 실험은 컴퓨팅 역사에 기록되어 있는 최고의 도전 중 하나로 여겨질 만큼 진정한 혁신이었다. 이들은 여섯 시간 이후의 기상 정보를 얻기 위해 6일이 걸렸던 것을, 에니악을 활용해 24시간 뒤의 기상 정보를 도출하는 데 약 24시간이 소요되는 수준으로 개선할 수 있었다. 이후 컴퓨팅 성능이 꾸준히 향상되면서 대규모 문제를 해결할 수 있는 슈퍼컴퓨터가 등장했고, 1970년대에는 이 슈퍼컴퓨터를 활용해 기상 예측에 필요한 방정식을 직접 계산할 수 있는 단계에 도달했다. 이를 통해 보다 신속한 기상 예측이 가능해졌으며, 기상 모델의 공간 및 시간 해상도가 점차 향상되어 많은 계산 자원을 필요로 하는 경우에도 빠른 예측 결과 생산이 가능해졌다. 이러한 발전 덕분에 오늘, 내일, 다음 주, 그리고 다음 달의 날씨를 예측하는 것이 가능해졌으며, 장기적인 기후 예측에도 수치 예보가 활용되고 있다.

그렇다면 기상 예측에는 언제부터 인공지능이 활용되기 시작했을까? 존 매카시(John McCarthy)는 2007년 발표한 논문『인공지능은 무엇인가?』에서 인공지능을 지능적인 기계, 특히 지능적인 컴퓨터 프로그램을 만드는 과학이자 공학으로 정의했다. 또한, 여기서 '지능'이란 주어진 문제를 해결하거나 특정 작업을 수행하기 위해 논리적으로 정보를 처리하고, 이를 수학적 계산을 통해 목표를 달성하는 능력을 의미한다고 설명했다. 이 정의를 넓게 적용하면, 1950년 경 컴퓨터를 활용해 수치 예보 모델로 날씨를 예측한 것을 최초의 인공지능 활용으로 볼 수도 있다. 여러 방정식을 계산해 날씨를 예측하는 수치 예보 모델이 논리적인 정보 처리와 수학적 계산을 통한 목표 달성을 하고 있기 때문이다. 하지만 범위를 좁혀 최근 우리가 생각하는 인공지능은 수치 예보 모델과 같은 규칙 기반의 계산 시스템이라기보다는 데이터로부터 패턴을 학습하고 이를 통해 예측하는 것에 더 가깝다. 이러한 관점에서, 1956년 다트머스 대학에서 논의하고자 했던 추상화하는 기계, 스스로 개선되는 기계로서의 인공지능을 생각한다면, 1984년 미국해양대기청(NOAA) 산하 환경연구소(ERL)가 기상 예보와 업무 개선 가능성을 조사하기 위해 인공지능 특별 고문 직책을 신설하면서부터라고 할 수 있다. 하지만 초반에는 학습 기반 시스템이라기보다는 규칙 기반 프로그래밍에 가까웠다. 규칙 기반의 전문가 시스템은 당시에 가장 널리 이해되었던 인공지능 방법론이었으며, if-then 규칙을 사용해 기계가 자동으로 실행되어 결과를 얻을 수 있도록 시스템이 만들어졌다. 이러한 전문가 시스템은 1980년대 중반부터 1990년대까지 다양한 기상 예보 목적으로 개발되고 테스트되었다.

1987년에는 1985년 델타 항공기 추락 사고의 원인으로 지적된 저고도 돌풍의 위험을 감지하는 문제가 기상 분야의 주요 관심사가 되었고, 이를 모니터링하고 감지할 수 있는 시스템의 필요성이 대두되었다. 이를 해결하기 위해 도플러 레이더를 분석해 돌풍 위험을 인식할 수 있는 전문가 시스템 도입이 검토되었으며, 이 시스템은 이 분야의 전문가인 레이더 기상학자의 작업을 모방할 수 있도록 개발되었다. 레이더 기상학자는 패턴 인식과 이미지 처리 능력을 활용해 레이더 관측에서 노이즈를 식별하고 이를 제거하며, 데이터를 바탕으로 돌풍으로 발전할 가능성이 있는 징후를 포착한다. 이러한 분석 과정을 반영한 돌풍 예측 전문가 시스템은 단순한 if-then

구조를 넘어 상징적 추론과 시각적 처리를 결합한 형태로 설계되었으며, 초기 테스트 결과 전문가의 처리 능력을 대체할 수 있는 효과적인 위험 인식 시스템으로 활용 가능함을 보였다. 하지만 기상 분야에서 모든 기상학적 특성을 if-then 규칙으로 설명할 수 없고, 대부분의 예보관들이 분석 규칙보다는 시각적 패턴 인식을 활용한다는 점에서 한계가 분명했다.

1986년에는 미국 기상학회에서 인공지능 응용 위원회를 설립해 AIRES(Artificial Intelligence Research in the Environmental Sciences) 워크숍을 시작했고, 이후의 워크숍과 미국 기상학회의 환경 과학에서의 인공지능 컨퍼런스(Artificial Intelligence for Environmental Science, AI4ES)는 기상 분야 인공지능 기법의 발전 과정을 추적할 수 있게 한다. 미국 기상학회의 AI4ES 컨퍼런스는 2025년 1월 24회 차로 계속되고 있으며, 새로운 인공지능 기술을 기상 학계에 소개하고 교육하는 역할을 하고 있다.

1988년에 그동안 발표된 인공지능 활용 환경 분야 연구 74개를 분석한 결과, 22개 연구가 환경 예측에 인공지능을 활용했으며, 그다음으로 많은 수를 차지한 15개 연구가 재해 대응 분야에 인공지능을 적용한 것으로 나타났다. 이러한 연구들은 인공지능의 활용은 기상과 환경 변화에 대한 예측 정확도를 높이고, 자연재해 대응 시스템을 혁신하는 데 중요한 역할을 할 것이라는 기대를 반영하고 있다고 할 수 있다. 이 시기는 초기 인공지능 기법을 활용한 새로운 기술의 탐색 단계였으나, 이 시기를 거치며 기상 분야에 인공지능이 본격적으로 자리 잡는 기반이 형성되었다.

이후, 1998년에 시작된 미국 기상학회의 AI4ES 컨퍼런스에서는 더 이상 전문가 시스템이 언급되지 않았고, 절반 이상의 발표가 뉴럴 네트워크를 기반으로 했다. 첫 컨퍼런스에서는 총 8개 세션에서 47개의 발표가 진행되었다. 주요 발표 주제에는 강수 예측을 위한 인공 신경망, 위성 자료 분석 및 패턴 인식을 위한 인공 신경망, 기후 분류 및 예측이 포함되었다. 또한 의사 결정 지원 및 자연어 처리 시스템과 이미지 처리 기술에 대한 연구가 발표되었으며 예보 과정에서 인간의 역할과 인공지능 기술의 연계성을 다룬 발표도 있었다. 첫 학회에서 논의되었던 주제들이 현재까지 여전히 중요하게 연구되고 있다는 점이 인상적이다.

연구 주제의 변화를 살펴보면, 1998년에는 초록의 49%에서 신경망이 언급될 정도로 가장 인기 있는 기법이었으나, 시간이 지나면서 이 비율은 2008년 27%, 2019년에는 10%로 감소했다. 대신 최근에는 딥러닝이 다른 인공지능 기법을 압도하며 가장 주목받는 기술로 자리 잡았다. 이는 2010년 GPU와 같은 고성능 하드웨어가 딥러닝의 복잡한 계산을 가능하게 만들었고, 인터넷과 사물인터넷(Internet of Things, IoT)의 확산으로 대규모 디지털 데이터셋이 구축되면서 충분한 학습 데이터가 확보된 덕분이라고 할 수 있다. 이에 따라 단순한 데이터 패턴을 학습하던 초기 신경망에서 확장되어 합성곱 신경망과 같은 복잡하고 다양한 구조의 알고리즘이 활용되기 시작했고, 2010년 이후 딥러닝의 성능과 적용 범위가 폭발적으로 확대되었다. 미국기상학회의 인공지능 컨퍼런스에서 발표되는 연구 수를 확인했을 때도 2017년 55개, 2018년 69개, 2019년 101개, 2020년 198개로 해마다 급격히 증가하고 있음을 알 수 있다. 이러한 증가세는 인공지능 기술이 지구과학 분야에서 점점 더 중요한 역할을 하고 있음을 보여 준다.

현재 기상 분야에서 인공지능을 활용한 연구는 그 어느 때보다 빠르게 발전하고 있다. 이러한 발전을 통해 기존의 수치 예보를 뛰어넘는 성능을 가진 인공지능 모델들이 개발되고 있으며, 기후 변화 시대에 자연재해 대응 시스템을 혁신하는 데 인공지능이 중요한 역할을 할 수 있다는 가능성이 점점 더 확인되고 있다. 앞으로 인공지능과 기상의 만남으로 물리 모델과 데이터 기반 모델 결합을 통해 예측 기술들은 더욱 정교해질 것이라 기대되며, 이를 통해 현재의 기술적 한계가 어디까지 극복될 수 있을지 기대된다.

참고문헌

대한민국교육부(2015.8.17).일기 예보의 역사, 교육부 공식 블로그, https://if-blog.tistory.com/5446

윤일희(2014). 아리스토텔레스 이전 시대의 기상학에 대해서, ≪과학교육연구지≫, 38(1), 96-102쪽.

BJERKNES, V.(1904). Das Problem der Wettervorhersage, betrachtet vom Standpunkte der Mechanik und der Physik. *Meteorol. Z.* 21, pp. 1-7.

Campbell, S. D., & Olson, S. H. (1987). Recognizing low-altitude wind shear hazards from Doppler weather radar: An artificial intelligence approach. *Journal of Atmospheric and Oceanic Technology, 4(1)*, pp. 5-18.

Lee, H.D.P(1952). Meteorologica: With an English Translation, Harvard University Presshttps, http://books.google.co.kr/books?id=0-iwAAAAIAAJ

Lynch, P.(2008). The origins of computer weather prediction and climate modeling. *Journal of computational physics, 227(7)*, pp. 3431-3444.

McCarthy, J.(2007). What is artificial intelligence. Stanford

University
McCarthy, John, et al.(2006). *A proposal for the dartmouth* summer research project on artificial intelligence, august 31, 1955. *AI magazine,*
Met Office(2018). Robert FitzRoy and the early Met Office, https://www.metoffice.gov.uk/research/library-and-archive/archive-hidden-treasures/robert-fitzroy
Neves, G. Z. D. F., Gallardo, N. P., & Vecchia, F. A. D. S.(2017). A short critical history on the development of meteorology and climatology. *Climate, 5(1)*, p. 23.
Schlegel, Kristian.(2024). Lightning and thunder explanations in encyclopedias?from ancient Greece to Wikipedia. *History of Geo-and Space Sciences Discussions,* pp. 1-16.
Tissot, P. E.(2020.1). AI Applications to the Earth Sciences: 35 Years through the Lens of the AMS Artificial Intelligence Committee. In 100th American Meteorological Society Annual Meeting. AMS.

01
컴퓨터와 기상

18세기 기상 예측이 가능하다고 주장된 이후 날씨가 과학적 법칙에 의해 결정된다는 사실을 바탕으로 과학적으로 날씨를 예측하려는 시도가 있었고, 세계 최초의 컴퓨터로 알려진 에니악의 등장으로 수치 계산을 통한 과학적 법칙 기반의 일기 예보가 현실화되기 시작했다. 이는 에니악이 활용되기 30년 전 리처드슨이 약 6만 4000명의 숙련된 계산원을 통해 이루려고 했던 것을 기계가 대체한 것으로, 사람을 대신할 수 있는 기계, 즉 넓은 의미의 인공지능 활용의 시작이라고 할 수 있다.

AI와 1인 창업?

기상학의 필수 도구인 컴퓨터

수천억에 달하는 슈퍼컴퓨터가 도입될 때마다 기상 예측 정확도가 과연 얼마나 높아질 것인가에 대한 기대가 높아진다. 한때 우리나라에서 보유하고 있던 자산 중 가장 고가였던 슈퍼컴퓨터가 우리나라에 처음 도입된 것은 1988년으로 이때부터 슈퍼컴퓨터로 계산하는 다양한 분야 중 하나에는 언제나 기상 예측이 포함되어 있었다. 우리나라 기상청에서도 안정적인 기상 예보와 예보 정확도 향상을 위해 2000년에 최초로 기상용 슈퍼컴퓨터 1호기를 도입했고, 현재는 2020년 도입한 슈퍼컴퓨터 5호기를 활용 중이다.

현미경이 생물학에, 비커와 플라스크가 화학에 중요한 실험 도구 중 하나라면 컴퓨터는 기상학에서 빠질 수 없는 중요한 실험 도구 중 하나다. 기상학은 지구 어디에나 있지만 한 곳에 모두 담을 수 없는 대기라는 대상을 연구하는 학문으로, 대기 중에서 수 밀리미터 크기의 물방울이 응결되는 원인부터 수백 킬로미터에 달하는 태풍이 발생하는 원인까지 다양한 규모의 현상을 물리적으로 설명한다. 대부분의 기상 현상은 동일한 규모로 직접 실험하기가 어렵기 때문에 모의 실험과 수치 분석을 통해 분석하는데 이를 위해서는 컴퓨터가 필수다. 컴퓨터는 방대한 양의 기상 데이터를 분석하고, 대기의 물리적, 화학적 과정을 표현한 수학 방정식을 계산해 날씨를 분석한다.

1948년 전자 컴퓨터를 기상 예측에 활용하려는 영국 기상청의 논의를 시작으로, 1950년대 초기 디지털 컴퓨터인 에니악에서 최초의 수치 기상 예보가 이루어졌고, 슈퍼컴퓨터가 대중적으로 알려지기 시작한 1980년대 영국 기상청은 초당 4억 회의 연산이 가능한 슈퍼컴퓨터를 도입해 전 지구 현업 기상 예측 모델을 운영하기 시작했다.

슈퍼컴퓨터는 상대적인 개념으로 최상급 처리 능력을 보유한 고성능 컴퓨터를 가리키는데, 매년 두 번씩 성능을 기준으로 500대의 고성능 컴퓨터를 선정해 슈퍼컴퓨터의 순위를 매긴다. 현재의 슈퍼컴퓨터는 초당 약 100경 번의 연산을 수행할 수 있다. 이러한 슈퍼컴퓨터의 주요 목적은 현대에도 여전히 기상 예측이며, 기상 선진국인 미국과 영국, 프랑스 등 유럽 국가들과 중국, 일본, 한국은 모두 슈퍼컴퓨터를 활용하고 있다. 이처럼 지난 70년 동안 일기 예보는 컴퓨터의 발전과 함께 극적으로 발전해 왔다고 할 수 있다.

리처드슨의 꿈이 현실로, 날씨를 계산하는 컴퓨터

기상 예측을 컴퓨터로 수행하려면, 기상 현상을 컴퓨터가 처리할 수 있는 형태로 변환해야 한다. 이를 위해 기상 데이터를 디지털화하고, 디지털화된 데이터를 계산 가능한 시공간 단위로 분할한 뒤, 컴퓨터 언어로 표현된 방정식에 입력해야 한다. 기상 데이터는 대부분 디지털 관측 기기나 모델 시뮬레이션을 통해서 얻기 때문에 이미 디지털화되어 있다. 물론 일부 저개발국에서는 아직도 매뉴얼하게 기상 관측을 수행하고 있으나, 이 경우에도 연속된 값이 아닌 특정 유효 숫자 범위 기록이 이루어진다. 이때 각 기상 현상을 나타내는 기온, 바람, 강수량 등의 변수의 표현 범위인 유효 숫자를 결정해야 하는데, 유효 숫자의 범위가 좁을수록 대기 상태를 더 정밀하고 세부적으로 설명할 수 있다. 예를 들어 강수량을 0.1mm/h 단위로 표현할 때와 1mm/h 단위로 표현할 때 현상을 설명할 수 있는 범위가 다르고 분석할 수 있는 세밀함의 정도가 달라진다. 하지만 1mm/h, 1.1mm/h, 2mm/h의 강수는 우리 일상에선 크게 다르게 느껴지지 않고 목적에 따라 이 범위를 어떻게 결정할 것인지는 다를 수 있다. 또한 유효 숫자를 지나치게 세밀하게 설명할 수도 없으므로, 적절한 범위에서 타협이 필요하다. 이는 현재의 대기 상태를 진단하는 과정과도 밀접하게 연관되며, 이 과정에서 발생하는 근사는 어쩔 수 없이 예측의 오차를 발생시킬 수 있다. 따라서 각 변수에 맞는 단위와 유효 숫자를 신중하게 설정하는 것은 중요하다.

이렇게 범위와 단위를 갖게 된 변수들은 다시 한번 시공간에 대해 특정 간격을 대표하는 값으로 변환된다. 즉, 각 값이 대표하는 공간적 범위가 연직과 수평 규모에 대해 수 미터(m) 영역에 대한 것인지, 수 킬로미터(km) 영역에 대한 것인지를 구분하고 동시에 분 단위 정보인지 시간 단위인지 일 단위인지를 결정한다. 이때 해상도와 그리드라는 개념이 나온다. 컴퓨터로 계산된 최초의 일기 예보는 계산을 위해 45°N에서 약 8° 경도(약 629km) 격자 간격을 사용했다. 대형 태풍이 약 500~800km라는 것을 생각한다면 이 정도 격자는 국지적으로 일어나는 현상을 설명하기에는 턱없이 부족하다는 것을 알 수 있다. 최근에는 기상 모델의 해상도가 수 미터로 매우 고도화되었고, 이는 과거와 비교하면 상당히 다양한 기상 현상을 설명할 수 있게 되었다는 뜻이지만 동시에 계산해야 하는 격자수가 매우 많아졌다는 것을 의미한다. 일반적으로 기상 모델의 해상도가 2배로 늘어나면 동서 방향, 남북 방향, 연직 방향 그리고 시간 축까지 모두 2배의 해상도가 되어야 하므로 모델이 계산해야 하는 양은 16배 증가함을 의미한다. 따라서 600km에서 6km로 해상도를 100배 개선했다면 100을 네제곱한 1억 배의 컴퓨팅 계산이 더 필요한 것이니 기상 예측 모델에 슈퍼컴퓨터가 필요한 것은 당연하다.

이처럼 디지털화되고 격자화된 기상 데이터는 계산을 위한 준비가 된 상태이고, 컴퓨터는 이 데이터를 활용해 각 격자점에서의 미래 날씨를 계산한다. 흥미롭게도 공간을 격자로 나누고 대기 변수를 활용해 대기의 운동을 계산함으로써 내일 날씨를 예측할 수 있다는 개념은 컴퓨터가 등장하기 이전에 이미 제안된 바 있다.

영국의 기상학자 루이스 프라이 리처드슨(Lewis Fry Richardson)은 수치 예보를 위한 격자 개념을 최초로 고안하고, 이를 이용해 날씨를 예측할 수 있다고 설명했다. 1922년 그는 저서 『수치 예보를 이용한 날씨 예측(Weather Prediction by Numerical Process)』을 출간해 수치 예보의 개념과 방법론을 구체적으로 제시하면서 날씨 공장이라는 개념을 소개했다.

리처드슨이 구상한 날씨 공장은 극장 같은 커다란 원형 홀로, 천장은 북극을, 원의 위쪽은 열대 지역, 아래쪽은 남극을 나타내고 있으며, 특별석을 마련해 호주를 위치시켰고, 갤러리에는 영국이 자리 잡고 있었다. 벽에는 세계 지도가 그려져 있고, 지도는 격자로 나누어져 있었다. 총 6만 4000명의 인간 컴퓨터가 각 격자 지역을 나눠 맡아 날씨를 계산하고, 숫자로 된 계산 결과는 통신을 통해 인접한 지역에 전달했다. 공장 중앙의 기둥 꼭대기에는 극장 전체를 책임지는 지휘자가 있어, 전체 계산이 동일한 속도로 진행되도록 유지하는 역할을 한다. 이웃 건물에는 예측 과정에서 발생하는 문제점을 해결하기 위한 실험을 진행하는 연구소도 존재했다. 얼마나 구체적인 공장인지 1986년 스테픈 콜린(Stephen Conlin)은 이 공장의 설명을 그림으로 표현하기도 했다. 그림에는 공장 밖, 계산하는 사람들이 쉴 수 있는 들판과 집, 산, 호수가 있다는 내용까지 세밀하게 묘사되어 있어 리처드슨이 얼마나 상세히 날씨 공장의 개념을 구상했는지 알 수 있다.

리처드슨의 날씨 공장은 마치 일반 공장에서 여러 명이 협력해서 제품을 만들어 내듯, 수많은 인간 컴퓨터가 협력해 날씨를 예측하는 노동 집약 방식으로 일기 예보를 생산할 수 있다는 것을 설명한 것이다. 이 아이디어가 에니악이 개발되기 전에 제안되었다는 점이 놀랍다.

리처드슨이 날씨 공장을 소개하고 30년이 지난 시점에 드디어 컴퓨터가 개발되면서 자동 계산이 가능해졌고, 이를 활용한 본격적인 수치 예보 시대가 열렸다. 리처드슨이 상상했던 인간 컴퓨터의 역할은 기계 컴퓨터로 대체되었으며, 오늘날의 기상 예측 방식과 유사한 개념으로 발전하기 시작했다.

컴퓨터로 각 격자점 단위로 방정식을 풀고, 계산된 결과를 인접 격자점과 교환하며 전체 예측 값을 도출하는 현대 기상 예측 방식은 리처드슨의 개념이 현대 수치 예보 모델에서도 여전히 중요한 기초 원리로 작용하고 있음을 보여 준다.

기상 분야에서 최초로 기상 예측을 위한 전용 컴퓨터가 활용되기 시작한 것은 1959년 1월이었다. 영국 기상청은 '메테오(METEO)'라는 이름의 페란티 머큐리(Ferranti Mercury) 컴퓨터를 던스터블(Dunstable)의 기상청에 설치해, 첫 수치 예보 연구를 위한 전용 컴퓨터로 활용했다. 메테오를 이용해 서유럽과 북대서양 지역을 대상으로 예보 시스템을 운영했지만, 계산 속도가 너무 느려 더 강력한 컴퓨터가 필요했다. 이를 해결하기 위해 1965년에는 초당 6만 회 연산을 수행할 수 있는 코멧(Comet) 컴퓨터를 도입했으며, 이를 통해 예보 효율성이 크게 향상되었다. 이후, 1982년 초에는 CDC Cyber 205 슈퍼컴퓨터가 도입되면서 연산 속도가 초당 4억 회로 향상되었고, 이를 기반으로 최초의 글로벌 예보 모델(Global Forecast Model)이 운영될 수 있었다.

한편, 우리나라 기상청은 1980년대 후반이 되어서야 수치 예보를 본격적으로 도입했다. 1985년, 전산 예보 도입 계획을 수립한 후, 아일랜드와 스웨덴 등 유럽에서 사용되던 수치 예보 모델을 도입해 우리나라 환경에 맞게 변환하는 연구를 진행했다. 이를 바탕으로 1991년부터 우리나라 최초의 현업용 수치 예보 모델이 운영되기 시작했다.

1922년 리처드슨은 저서 『수치 계산을 통한 기상 예측(Weather Prediction by numerical process)』 서문에서 다음과 같이 말했다.

> "언젠가 먼 미래에는 일기 예보 계산이 날씨가 변화하는 것보다 더 빠르게 이루어지고, 그로 인해 얻는 정보가 인류에게 주는 이익이 우리가 들이는 비용을 넘어서게 될지도 모릅니다. 그러나 이는 아직 꿈에 불과합니다(Perhaps some day in the dim future it will be possible to advance the computations faster than the weather advances and at a

cost less than the saving to mankind due to the information gained. But that is a dream)."

오늘날 우리는 리처드슨이 꿈꾸던 미래가 현실이 된 시대에 살고 있다. 컴퓨터 연산 속도는 기하급수적으로 증가했으며, 현대 수치 예보 시스템은 실시간에 가까운 속도로 내일 날씨를 예측할 수 있게 되었다. 최근에는 인공지능 기반 기상 예측이 도입되면서, 기존의 슈퍼컴퓨터가 아닌 GPU 기반의 새로운 컴퓨팅 시스템을 활용한 예측 결과가 생산되고 있다. 이에 따라 기상 예측은 물리 기반 모델과 데이터 기반 모델의 융합이라는 새로운 패러다임으로 전환되고 있으며, 그 중심에는 컴퓨터 과학의 발전이 함께하고 있다.

앞으로 기상학과 컴퓨터 과학의 융합이 더욱 정교하고 신뢰할 수 있는 기상 예측 시대를 열 수 있을지, 그리고 어떤 새로운 컴퓨팅 기술이 또 한 번 도약을 이끌어낼지 기대된다.

참고문헌

Lynch, P.(2008). The ENIAC forecasts: A re-creation. *Bulletin of the American Meteorological Society, 89(1)*, pp. 45-56.

Lynch, P.(2008). The origins of computer weather prediction and climate modeling. *Journal of computational physics, 227(7)*, pp. 3431−3444.

Met Office. History of numerical weather prediction, https://www.metoffice.gov.uk/weather/learn−about/how−forecasts−are−made/computer−models/history−of−numerical−weather−prediction

02
내일의 날씨를 설명하는 방정식

내일의 날씨를 알기 위해 자연 현상을 관찰하기도 하지만, 날씨를 설명하는 물리 방정식을 활용해 계산적으로 예측하기도 한다. 기상학에서는 유체의 운동을 서술하는 나비에-스토크스 방정식을 활용해 대기 움직임을 수치적으로 설명하고, 이를 바탕으로 내일 날씨를 예측한다.

AI와 MBTI?

날씨를 설명하는 7개의 방정식, 7개의 변수

방정식은 우리에게 다양한 현상을 수학적으로 표현하고 다양한 변수, 데이터 간 관계를 이해할 수 있도록 돕는다. 우변과 좌변으로 구성되는 방정식은 양변에 있는 두 개의 식이 서로 같다는 조건을 통해 알고 있는 어떤 정보로부터 모르는 값을 찾기 위해 사용된다. 뉴턴의 운동법칙부터, 만유인력의 법칙과 같이 물리적 현상을 설명하거나, 기체의 상태 방정식 또는 슈뢰딩거 방정식처럼 자연 현상을 수학적으로 표현해 시스템의 상태를 분석하는 것에도 방정식은 아주 유용하게 사용된다.

1901년과 1904년, 클리블랜드 아베(Cleveland Abbe)와 빌헬름 비에르크네스(Vilhelm F. K. Bjerknes)는 기상 예측에 물리 방정식을 적용해 날씨를 예측할 수 있다는 개념을 각각 제안했다. 이들은 현재 관측된 날씨 데이터를 바탕으로 편미분 방정식을 적분해 미래의 날씨 변화를 예측할 수 있다고 보았다. 그러나 당시에는 정기적으로 날씨 상태를 관측하는 체계도 없었고, 복잡한 계산을 수행할 컴퓨터도 존재하지 않았다. 따라서 이러한 아이디어를 제안했다는 것 자체가 시대를 앞선 혁신적인 발상이었다.

대기 상태를 설명하는 방정식은 기체 상태 방정식, 질

량 보존을 나타내는 연속 방정식, 운동량 보존을 의미하는 동서 · 남북 · 연직 방향의 운동 방정식, 열역학적 에너지 보존을 나타내는 열역학 방정식, 그리고 수분량 보존을 의미하는 수분 방정식까지 총 7개의 식으로 구성된다. 이를 통해 대기의 동서 · 남북 · 연직 바람 성분, 온도, 밀도, 습도(수증기), 기압 등 일곱 가지 기상 변수를 구할 수 있다.

이상 기체 상태 방정식은 기체의 상태를 나타내는 압력, 부피, 온도, 몰수(mole數) 사이의 관계를 설명하는 데 이 방정식을 사용하면 기체의 특정 상태에 대해 압력, 부피, 온도를 안다면 나머지 하나의 변수에 대해 알 수 있게 된다. 기체인 대기에 대해서도 이 방정식을 이용하면 온도, 대기압, 공기의 밀도를 계산해 값을 얻을 수 있다.

연속 방정식은 폐쇄된 시스템에서 질량이 생성되거나 소멸되지 않고 항상 일정하게 유지된다는 질량 보존의 법칙에 기반한 방정식으로 유체가 흐르는 동안 질량이 일정하게 보존된다는 원리를 수학적으로 표현한 것이다. 또한 이 원리를 이용하면 바람이 공기를 어떻게 이동시키는지를 설명할 수 있어, 공기의 밀도와 속도의 관계를 통해 공기 흐름과 밀도 변화가 시간에 따라 어떻게 달라지는지 수치로 나타낼 수 있다. 낮은 고도에서는 공기의 밀도가 거의 일정하고 온도에 따른 밀도 변화도 매우 작다고 가정할 수 있기 때문에 연속 방정식을 간소화할 수 있으며, 고도가 높아질수록 대기 압축성을 고려해야 해서 연속 방정식은 복잡해진다.

운동 방정식은 뉴턴의 운동 법칙에 기반해 힘은 질량과 가속도에 비례한다는 식으로부터 유체의 움직임을 기술한 나비에-스토크스(Navier-Stokes) 방정식으로 표현할 수 있다. 나비에-스토크스 방정식은 유체 역학의 가장 기본이 되는 지배 방정식 중 하나로 점성을 가지는 유체에 작용하는 힘과 운동량 변화를 기술하는 비선형 편미분 방정식이다. 유체의 속도가 그 속도의 공간적 변화에 영향을 미치기 때문에 비선형성이 생기고, 유체의 움직임이 시간과 공간에서 동시에 변하기 때문에 편미분 방정식으로 표현되었다. 이는 압력과 유체의 속도, 밀도와 점성 사이의 관계를 설명할 수 있다. 이 방정식은 프랑스의 공학자 클로드 루이 나비에와 수학자이자 물리학자였던 조지 스토크스에 의해 방정식화되어 둘의 이름을 따서 나비에-스토크스 방정식이 되었다.

흥미로운 것은, 나비에-스토크스 방정식은 세계 7대 난제로 오늘날까지도 이 방정식의 3차원상에서의 해가 존재한다는 것이 증명되지 않았다는 점이다. 하지만 대기의 움직임을 통해 내일의 날씨를 예측하기 위해 기상학자들은 이 식의 근사해를 찾아 푸는 방식을 채택했다. 이 근사해를 구하기 위해 지구 대기를 3차원 격자로 나눠 이 수천만 개의 격자점에서의 방정식을 풀어야 하는데 이 계산을 사람이 제시간 안에 한다는 것은 거의 불가능하기 때문에 슈퍼컴퓨터가 필요한 것이다. 더 정교하고 상세한 해를 구할수록 현실에 가까운 값을 구할 수 있기 때문에 우리는 이 커다란 지구 대기 흐름을 최대한 상세한 격자로 잘라야 한다. 고해상도 예보를 위해서는 수 킬로미터에서 수백 킬로미터의 해상도가 요구되는데 여기에는 수백 페타플롭스의 계산 성능이 요구된다.

열역학 방정식은 대기의 에너지 보존을 설명하는 것으로 열역학 제1법칙을 사용해 대기 중 온도와 에너지 변화 과정을 설명한다. 열역학 제1법칙은 시스템 내부 에너지 변화는 주어진 열 에너지와 시스템이 한 일의 합으로 설명된다는 법칙으로 대기 시스템에 가해진 열 또는 대기에서 방출된 열의 변화는 대기 내 분자들의 운동 에너지를 대기의 온도 변화로 인해 변화한 양과 대기가 팽창하거나 압축되면서 외부에 대해 수행한 일의 양으로 설명할 수 있다. 예를 들어 대기가 태양열을 흡수하면 온도가 올라가고 이 때문에 대기가 팽창할 수 있다고 설명하는 방정식인 것이다. 이를 통해 대기 온도 변화, 또는 수증기 응결 과정, 대기 안정성 등을 평가해 대기 상태 변화를 예측하는 데 핵심 역할을 하는 방정식이다.

마지막 일곱 번째 방정식은 수분 방정식이다. 수분 방정식은 대기 중 수증기의 변화를 설명하는 방정식으로 시간에 따른 수분의 변화율을 수분의 공간적 이동과 증발, 응결, 강수로 인한 수분의 증감을 설명하는 소스 항(추가적인 영향을 고려하는 항)으로 설명한다.

이처럼 수치 예보는 대기의 운동과 변화를 설명하는 앞서 설명한 7개의 편미분 방정식 집합을 푸는 것이다. 이 방정식의 해석적 해를 얻는 것은 수학적으로 불가능하기 때문에 공간적, 시간적인 이산화를 사용해 수치적으로 풀어야 한다. 즉 이 방정식을 푼다는 것은 대기의 미래 상태를 예측하는 것이고, 이는 이 방정식을 시간에 따라 적분해 알 수 있기 때문에 현재 대기 상태를 주고 시간에 따른 적분을 통해 미래 대기 상태를 알게 되는 것이다.

1904년, 비에르크네스는 미래 대기의 상태를 예측하기 위해서는 현재 대기 상태를 가능한 한 정확하게 특성화해야 하며, 이후 상태가 어떻게 변하는지를 설명하는 물리 법칙을 알아야 한다고 주장했다. 즉 미래의 대기 상태를 정확하게 예측하려면, 현재 대기 상태를 파악하기 위한 관측, 이를 명확히 이해하기 위한 진단과 분석 그리고 그 진단과 분석을 기반으로 한 예측이 모두 정밀하게 이루어져야 한다. 그러나 대기를 수치적으로 계산하는 과정에서는 이산화(불연속적인 데이터로 변환) 작업이 필요하며, 이때 수치적인 근사가 필수적으로 사용된다. 이러한 근사 과정에서 모델의 해상도에 맞게 계산 가능한(해결 가능한) 규모의 운동과 계산할 수 없는(해결 불가능한) 규모의 운동이 존재하게 된다. 대기의 모든 운동을 분자 수준까지 해결할 수는 없기 때문에 마찰, 응결, 증발, 복사 가열 및 냉각과 같은 물리적 과정들은 앞서 설명한 질량, 운동량, 열에 대한 방정식에서 소스 항으로 포함되어 매개 변수화된다.

인공지능은 이 일곱 가지 물리적 법칙을 학습할 수 있을까?

인공지능이 물리적 법칙을 학습하는 방법에는 세 가지 접근 방식이 있다. 첫째, 우리가 물리 법칙을 명확히 알고 있는 경우, 둘째 물리 법칙을 완전히 파악하지는 못했지만 근사적인 수식을 알고 있는 경우, 셋째, 어떤 규칙이 존재한다는 것은 알지만 이를 기존 물리식으로 표현하지 못하는 경우다. 인공지능의 핵심 알고리즘인 심층 신경망(Deep Neural Network, DNN)은 본질적으로 입력과 출력 간의 관계를 설명하는 함수라고 볼 수 있다. 따라서 인공지능의 학습 과정은 주어진 데이터를 바탕으로 기존의 물리 법칙을 재현하거나, 근사적인 수식을 더욱 정교하게 보완하거나, 아직 밝혀지지 않은 규칙을 물리적으로 표현할 수 있도록 하는 방식으로 이루어진다. 최근 물리관계를 직접 학습에 포함하는 물리법칙을 반영한 신경망(Physics-informed Neural Network)기법을 활용하여 물리법칙을 따르는 해를 학습하도록 하거나, 편미분 방정식을 자동으로 찾는 방법론들이 활용되고 있다.

아직 밝혀지지 않은 물리적 규칙을 찾기 위해 인공지능을 활용할 수 있는 방법 중 하나는 기호 회귀(Symbolic regression)다. 이는 단순한 데이터 모델링이 아닌 사람이 해석할 수 있는 수학적 함수 형태로 데이터를 설명하는 기법이다. 기호 회귀에서는 로그, 지수, 삼각 함수 등 다양한 수학적 표현을 사용해 데이터의 관계를 도출하는데, 2019년 실비우-마리안 우드레스쿠(Silviu-Marian Udrescu)와 막스 테그마크(Max Tegmark)는 인공지능 파인만(AI Feynman)이라는 방법론을 발표하면서 이 기호 회귀 기법에 인공지능을 접목할 수 있다는 점을 보였다. 이 연구에서는 신경망을 활용해 데이터를 분석한 후, 데이터를 설명하는 수학적 관계를 발견하는 기법을 제안했다. 연구진은 파인만 물리학 강의에 사용된 100개의 방정식을 인공지능 파인만을 이용해 성공적으로 도출했다고 발표했으며, 이는 인공지능이 데이터만으로도 물리 법칙을 학습할 수 있음을 보여 주는 중요한 사례였다.

실제로도 이상 기체 상태 방정식은 1834년 온도가 일정할 때 압력과 부피는 반비례한다는 보일의 법칙, 압력이 일정할 때 부피는 온도에 비례한다는 샤를의 법칙, 온도와 압력이 일정할 때 부피는 기체의 몰수에 비례한다는 아보가드로의 법칙을 조합해 제시된 것으로 기체의 압력, 부피, 온도, 몰수 간의 관계를 설명하기 때문에, 이들이 데이터로 주어진다면 기호 회귀 방법으로 충분히 이 방정식을 찾을 수 있을 것이다.

알고 있는 물리 규칙을 활용해 인공지능을 학습하는 방법으로는 2019년에 마지아르 라이시(Maziar Raissi), 파리스 페르디카리스(Paris Perdikaris), 조지 엠 카르니아다키스(George Em Karniadakis)에 의해 처음 소개된 물리 법칙을 반영한 신경망이 있다. 이는 편미분 방정식으로 표현된 물리법칙, 즉 나비에-스토크스 방정식이나 열역학 방정식을 신경망의 손실 함수에 포함해 인공지능이 물리 법칙을 준수하도록 학습하는 방법이다. 데이터가 부족한 상황에서도 물리 법칙을 활용해서 정확도를 높일 수 있다는 장점이 있지만 물리 법칙을 강제하는 것이 아니기 때문에 한계가 있으며, 특히 카오스 시스템에서는 잘 동작하지 못한다는 단점이 있다. 따라서 기상 예측과 같이 복잡한 물리 시스템에서는 다양한 규모의 상호 작용과 높은 비선형성을 완벽히 학습하는 물리 기반 모델을 만드는 데는 여전히 많은 연구가 필요하다.

이러한 어려움에도 불구하고 인공지능 모델이 블랙박스로 간주되어 물리적 해석이 어렵다는 한계를 극복하고 데이터가 부족한 상황에도 보다 정확한 예측을 수행할 수 있도록 물리 법칙을 반영한 학습 기법이 점점 더 주목받고 있다. 특히 기상 예측 분야에서는 물리적 일관성을 유지하면서도 데이터 기반 접근법의 장점을 결합하는 시도가 확대되고 있으며, 이를 통해 기존 수치 예보 기법의 한계를 보완하려는 연구가 활발히 진행되고 있다.

더 정밀한 기상 예측을 위해서는 기상 현상 규모에 따라 적절한 물리 법칙을 신경망 모델에 효과적으로 반영하는 것이 필수다. 또한 기존의 물리 방정식으로 설명할 수 없는 복잡한 기상 패턴을 탐색하기 위해서는 효율적인 데이터 샘플링 전략이 필요하며, 이를 통해 인공지능이 물리적으로 타당한 해를 학습하도록 유도해야 한다. 궁극적으로 이러한 접근법은 다양한 규모의 기상 현상을 보다 정확하게 모델링하고 예측의 불확실성을 줄이는 데 기여할 것이다.

참고문헌

Udrescu, Silviu-Marian, & Max Tegmark.(2020). AI Feynman: A physics-inspired method for symbolic regression. *Science Advances 6.16*, eaay2631.

Bauer, P., Thorpe, A., & Brunet, G.(2015). The quiet revolution of numerical weather prediction. *Nature, 525(7567)*, pp. 47-55.

03
디지털 데이터와 기상

기상학은 오랜 시간 관측한 데이터를 축적해 온 분야다. 현재도 매일 수 테라바이트의 디지털 데이터가 쌓이고 있다. 이러한 방대한 데이터는 인공지능의 중요한 학습 자료가 되며,
이 데이터를 활용한 기상 관련 인공지능 연구는 많은 가능성을 보이고 있다.

AI와 난임 극복?

빅데이터로 여겨지는 기상 데이터

2015년 국제적으로 저명한 학술지 ≪네이처(Nature)≫에 발표된 연구 논문인 『수치 기상 예보의 조용한 혁명(The Quiet Revolution of Numerical Weather Prediction)』에 따르면, 1999년 이후 남반구와 북반구의 기상 예측 정확도 차이가 획기적으로 감소한 것으로 나타났다. 이러한 변화는 1999년부터 인공위성 데이터를 수치 예보 모델에 본격적으로 활용하기 시작한 것과 직접적인 관련이 있다. 이전까지는 대부분 바다로 덮여 있는 남반구의 대기 상태를 정확히 관측하는 것이 어려웠지만, 위성 관측이 가능해지면서 남반구의 현재 대기 상태를 보다 정확하게 진단할 수 있게 되었기 때문이다. 이처럼 기상 관측 데이터는 현재 상태에 대한 불확실성을 낮추고, 날씨 현상을 이해해, 기상 예측의 정확도를 향상시키는 데 핵심적인 역할을 한다.

현재 세계적으로 가장 기상 예측을 잘하는 것으로 알려져 있는 유럽 중규모 기상 예보 센터 (the European Centre for Medium-Range Weather Forecast, ECMWF)에서는 2023년 기준 매일 287테라바이트에 달하는 데이터가 생성된다. 이는 전 세계 20억 명 이상의 게이머가 하루에 생성하는 데이터인 50테라바이트보다 5배 이상

많은 양이다. 미국해양대기청(NOAA)에서는 기상 데이터가 곧 엑사 스케일에 도달할 것이라고 전망했다. 1엑사바이트는 1000페타바이트이고, 1페타바이트는 1000테라바이트다. 1엑사 바이트는 약 1000만 편의 넷플릭스 4K 영화 저장 용량이다. 이를 하루에 한 편씩 본다면 약 2만 7000년의 시간이 필요하니 얼마나 많은 용량인지 가늠하기 어려운 엄청난 양이다.

이렇게 많은 양의 데이터가 생성되는 이유는 전 세계를 모니터링하는 위성, 레이더, 지상 관측 센서에서 수집된 자료와 기상 예측 모델에서 매일 생성되는 예측 시뮬레이션 결과 때문이다. 특히 최근에는 데이터 해상도가 상당히 높아지면서 데이터 양이 급격히 증가하고 있다.

더 나아가 우리가 현재 활용하는 기상 데이터는 단지 오늘날 생성된 아날로그 데이터에만 국한되지 않는다. 관측 기기가 발명된 17세기부터 축적된 아날로그 관측 기록들을 기술이 발달되어 디지털로 변환 가능해지면서 기상 분야에서는 과거 수백 년 전 지구 관측 기록까지 디지털 데이터로 변환해 왔다.

이 방대한 데이터는 기상 현상을 더욱 정밀하게 분석하고 예측하는 데 기여하며, 디지털화되어 있어, 컴퓨터로 처리할 수 있다는 점에서 인공지능 학습용으로 최적의 재료가 된다.

특히 관측 데이터는 기상의 현재 상태에 대한 정보를 주고 현상을 이해하는 데 아주 중요한 자료이기 때문에, 기상 예측 모델이 활용되기 전, 최초의 일기 예보도 관측 데이터만을 기반으로 이루어졌다. 17세기 기상 관측 장비들이 발명되고 대기 관측이 수행되기 시작하면서 관측의 중요성이 인지되었고, 미국과 유럽, 지구 곳곳에서 대기 관측 정보가 생산되기 시작했다. 19세기 중반 이후 전신과 전신망이 활용되면서 관측 자료를 주변국 또는 멀리 떨어져 있는 곳과도 정기적으로 전송해 공유하는 것이 가능해졌고, 이러한 데이터는 지도 위에 정보화되어 일기도로 그려졌다.

19세기와 20세기에는 전 세계 기상 관측 네트워크가 형성되었고, 1860년대에는 각 지역에서 동시에 수집된 정보를 기반으로 종관 기상 예보가 시작되었다. 종관 기상은 수백에서 수천 킬로미터 규모의 기상 상태를 의미하며, 저기압, 고기압, 전선, 태풍 등의 대규모 대기 순환과 날씨 패턴을 의미한다.

세계 기상 기구(World Meteorological Organization, WMO)에서는 약 1만 7500곳의 지상 기상 관측 사이트를 공식적으로 관리하고 있다. 이 지상 관측 사이트에서는

3시간마다 기압, 풍속과 풍향, 기온, 습도 등의 기상 변수를 관측해 전 세계에 공유하고 있으며, 약 1000개의 상층 대기 관측소에서는 라디오 존데를 사용해 상층의 기압, 풍속, 기온, 습도를 측정한다. 해양에서는 약 4000척의 자발적 관측 선박, 부표 등을 활용해 온도, 파고, 파주기와 같은 데이터가 관측되고 있고, 국제민간항공기구, 국제항공운송협회, 상업 항공사와의 협력을 통해 약 4000대의 항공기가 비행 중에 대기압, 풍속, 기온, 습도, 난기류 정보를 제공한다. 또한 전 세계 약 550개 공항에서도 매일 기상 데이터를 제공하고 있다.

위성은 정지 궤도와 저궤도를 돌면서 가시, 적외, 마이크로파장 등 다양한 파장대를 활용해 구름의 이동과 발달, 표면 온도, 미세 먼지, 화산재 등 다양한 정보를 제공해 기상 분석, 예보, 기후 모니터링을 지원하고 있다. 기상 레이더 관측은 최근 더 고도화된 기술로 강수 형태까지도 감지할 수 있게 되어 강수량 추정에 중요한 역할을 하고 있다. 이처럼 많은 자료들은 각국의 기상청에서 WMO의 표준에 맞게 관리되고 있으며, 전 세계 연구자들과 공동으로 활용할 수 있도록 자료를 공개하고 있다.

1963년 세계 기상 감시(World Weather Watch, WWW)가 설립된 이래, WMO의 통합 글로벌 관측 시스템(WIGOS)의 비전은 2040년을 목표로 해 기상 서비스 사용자 요구에 대응해, 이를 충족할 관측 시스템을 제안하는 것이다. 2024년 기준 시스템 내에 있는 관측소의 위치와 분포는 WMO의 웹사이트에서 확인할 수 있으며 우리나라에서도 공공 데이터 포털을 통해 누구나 데이터를 다운로드 받을 수 있다.

인공지능 시대, 데이터가 그 어느 때보다도 중요해진 만큼 각국의 기상청에서는 기상 상태를 정확하게 분석하고 예측할 수 있는 고해상도 데이터를 확보하는 것이 핵심 과제가 될 것이다. 또한 WIGOS는 각 기상청과 기상 연구 기관과의 협력을 바탕으로 최신 기술을 적용하고 더욱 정교하고 일관된 품질의 데이터를 생성하기 위한 노력을 지속적으로 강화할 것이라 기대된다.

기상 분야 인공지능 학습을 위한 벤치마크 데이터셋의 활용과 한계

인공지능 기술이 급속도로 발전함에 따라, 앞서 설명한 다양한 기상 관측 데이터와 기존의 수치 예보 모델과 분석 모델에서 생산된 방대한 양의 데이터가 인공지능 학습에 활용되고 있다. 기상 데이터는 대기, 육상, 해양 등 다양한 지역에 대해 생산되어 지역마다 특색 있는 기상,

기후 패턴을 설명한다. 더욱 중요한 점은 이 데이터들은 극단적인 기상 현상 정보도 포함하고 있어 최근 기상 재해에 대한 피해가 커지고 있는 시점에서 재난을 예측하고 대비하는 데 중요한 역할을 한다는 것이다.

이러한 기상 데이터는 인공지능 모델이 기상 현상을 분석하고 예측하는 데 필수적인 학습 자원으로 활용된다. 특히 최근에는 파운데이션 모델에 대한 관심이 높아지면서, 다양한 용도로 활용 가능한 범용 모델을 개발하려는 시도가 늘어나고 있어, 대규모의 다목적 고품질 데이터셋이 필수적이다. 하지만 현재 공개되어 있는 기상 분야 벤치마크 데이터셋에는 몇 가지 한계가 존재한다.

우선 기상 데이터셋은 일반 이미지넷과 같이 이미지 처리 분야의 벤치마크 데이터셋과는 달리 물리적으로 의미 있는 변수들이 각 시공간 해상도에 따라 각각의 의미를 가지고 있어 각 데이터가 같은 수치와 패턴을 갖더라도 다른 해석이 필요한 부분이 있다. 예를 들어 인공지능 기반 기상 예측 연구에 가장 많이 활용되는 ERA5자료는 유럽중기예보센터에서 제공하는 재분석 데이터셋으로 글로벌 규모의 기후 연구, 기상 예측, 환경 모니터링 등 다양한 목적으로 널리 사용되고 있다. 1940년부터 데이터가 제공되며 수평 해상도는 약 30km이고 시간 해상도는 한 시간 간격으로 대기, 토양, 해양 관련 다양한 기후 변수를 제공하고 있다. 변수의 구성에서는 ERA5와 매우 비슷하지만, 지형 특성을 고려한 회귀 모델을 기반으로 생성된 미국의 고해상도 공간 기후 데이터인 PRISM(Parameter-elevation Regressions on Independent Slopes Mode)은 1985년부터 수평 해상도 4km로 실시간 업데이트되는 일별 기후 데이터이며, 과거 기후 분석을 위해서는 월별, 연간 평균 데이터로도 제공된다.

따라서 같은 온도 자료를 사용한다고 하더라도 ERA5의 30km 해상도로 제공되는 데이터가 가지고 있는 의미와 PRISM의 4km 해상도로 제공되는 데이터의 의미는 다르다. 특히 ERA5는 한 시간 간격 데이터이지만 PRISM은 일 데이터이기 때문에 대표하는 값의 의미는 더욱 다를 수 있다. 우리가 하루에 느끼는 1도의 온도 변화와 지구의 평균 온도가 1도 변화하는 것이 가지는 의미가 다른 것처럼 말이다.

극한 기상 현상에 대한 데이터셋도 벤치마크 데이터셋마다 그 의미가 다를 수 있다. 일본 국립 정보학 연구소에서 제공하는 디지털 타이푼(Digital Typhoon)은 북서태평양 지역의 열대 저기압, 태풍의 분석을 위해 사용되는 이미지 기반 데이터셋으로, 일본의 정지 궤도 위성인 히마와리(Himawari) 시리즈에서 관측된 위성 이미지로 생성되었다. 이 데이터셋에는 1978년부터 2022년까지 발생된 1099개의 태풍과 그 태풍에 대한 18만 9364개의 이미지가 포함되어 있으며, 5km의 공간 해상도로 한 시간 간격 데이터가 제공된다. 미국해양대기청(NOAA)에서도 이와 유사한 열대 저기압 데이터셋인 허리케인 위성 데이터(Hurricane Satellite Data, HURSAT)를 제공하고 있으며, 이 데이터셋에는 전 세계에서 발생하는 열대 저기압에 대한 위성 관측 이미지 데이터셋이 포함되어 있다. 1978년부터 현재까지의 태풍 및 허리케인 관측이 포함되어 있으며, 8km의 공간 해상도로 세 시간 간격으로 데이터가 제공된다. 이 두 데이터도 같은 타깃과 목적을 가지고 생성되었으나, 위성 관측 데이터인 만큼 지도 투영을 어떻게 했느냐에 따라 각 위도대별로 왜곡이 달라질 수 있는데, 디지털 타이푼 데이터셋은 면적은 유지하지만 방사형으로 투영되는 방위등적투영법(Azimuthal Equal-Area Projection)을 사용해 위성 관측 자료를 이미지화해 지도에 투영했고, HURSAT 데이터는 정적도투영법을 사용해 면적 왜곡이 발생하지만 위경도를 직각 좌표계로 해 단순 투영할 수 있는 방식을 선택했다. 이러한 점 때문에 두 데이터를 같이 활용한다고 하면 크기나 모양에서 데이터셋에 따른 해석 차이가 발생할 수 있어 활용에 주의해야 한다.

또 다른 극한 기상 정보를 담고 있는 벤치마크 데이터셋인 익스트림웨더(ExtremeWeather)는 CAM5라는 3차원 대기 모델로 생성된 데이터를 기반으로 극단적인 날씨 사건을 탐지하기 위한 것이다. 1979년부터 2005년까지의 데이터가 제공되며 열대 저기압과 온대 저기압, 대기의 강과 같은 극한 날씨 상황에 대한 데이터셋이다. 디지털 타이푼이나 HURSAT과 같이 열대 저기압 데이터를 제공한다는 공통점이 있지만 모델에서 생성된 자료이기 때문에 3차원 데이터 제공이 가능하다는 점이 2차원 자료인 위성 관측 자료와의 가장 큰 차이이다.

위성 데이터를 기반으로 만들어진 어스넷 2021(EarthNet2021) 데이터셋은 지구 표면 예측, 여름철 극단 예측 및 계절 주기 예측을 위한 대규모 데이터셋으로, 센티넬(Sentinel)-2 위성 이미지와 유럽 전역의 일별 격자화된 기상 관측 데이터넷인 E-OBS에서 제공하는 일일 기후 데이터를 포함한다. 센티넬-2 위성은 저궤도이기 때문에 히마와리 위성과 같은 정지 궤도 위성과 관측 특성 및 영역이 매우 다르다.

또 다른 극한 기상 현상인 가뭄을 예측하기 위해 제공되는 벤치마크 데이터셋인 'DroughtED'는 미국 전역 3108개 카운티에 대한 가뭄 예측 데이터셋으로, 나사의 글로벌 에너지 자원(전기) 예측 프로그램[Global Energy Resources (Electricity) Prediction Program]에서 수집한 180개의 일일 기상 관측 데이터에 지형 경사, 토지 이용 유형, 토양의 질 등 메타데이터가 결합되어 가뭄 수준이 분류되어 있다.

이렇게 많은 기상 분야 벤치마크 데이터셋은 각각 목적을 가지고 특정 기상 현상이나 지역 예측 성능을 객관적으로 비교할 수 있도록 제공된다. 예를 들어 디지털 타이푼의 경우 열대 저기압을 감지하고 이동 경로를 추적하는 이미지 기반 모델에 특화되어 있으며, 'DroughtED'는 기상 관측과 지리 · 토양 특성을 결합해 가뭄 수준을 USDM(United States Drought Monitor) 카테고리(D0~D4)에 따라 분류함으로써 기후 변화가 농업 및 수자원에 미치는 영향을 연구하는 데 유용하다.

그러나 이러한 벤치마크 데이터셋은 대부분 수집 목적과 응용 범위가 한정되어 있어, '범용' 인공지능 모델을 학습하기에는 여러 문제점을 안고 있다. 먼저 데이터의 시공간 해상도나 관측 범위가 다르기 때문에, 서로 다른 데이터셋을 통합하거나 확장하기가 쉽지 않다. 또한 측정 방식이나 센서 종류가 상이해 편향이 발생하거나, 일부 영역(예: 극단적 기후 이벤트)에 대한 레이블이 상대적으로 부족한 경우가 많다. 더 나아가 기상 모델은 기본적으로 물리학적 지식이 반영되어야 하므로, 단순한 데이터 지표 이상의 맥락이 필요하다. 하지만 현재 공개된 데이터셋들은 특정 현상에 치중되어 있고, 물리적으로 일관된 형식이나 전 지구적 커버리지를 지닌 고해상도 대규모 데이터셋은 아직 충분히 갖춰지지 않았다.

결국 기상 분야 인공지능 모델의 발전을 위해서는 지역 · 현상별로 조각화된 벤치마크 데이터셋을 통합하고, 물리적 의미가 일관되게 유지되는 형태로 대규모 · 고품질 데이터를 구성하는 노력이 필수다. 동시에 극단적 기상 현상이나 국지 예측에서의 성능을 개선하기 위해서는 현재의 한계를 넘어서는 다양한 해상도와 계절적 · 기후적 상황을 아우르는 데이터 확충이 필요하다. 이러한 과제들을 해결한다면 다목적 · 범용 기후 모델을 활용해 기상 예측뿐만 아니라 다양한 산업 및 연구 영역에서 한층 정교하고 신뢰할 수 있는 인공지능 기법을 구현할 수 있을 것이다.

참고문헌

Global Observing System, WMO,
https://wmo.int/activities/global-observing-system-gos/global-observing-system-gos
https://earthobservatory.nasa.gov/features/WxForecasting/wx2.php

Observation components of the global observing system, WMO,
https://community.wmo.int/en/observation-components-global-observing-system

Scott Mackaro(2023.8.4). Vaisala Xweather,
https://www.xweather.com/blog/article/weather-data-big-data

Weather Forecasting Through the Ages(2002. 2. 25). Eath Observatory, NASA.

04
기상 패턴을 배우는 인공지능

1980년대 기상학 분야에서는 인공 신경망을 이용한 기상 예측 연구가 시작되었고, 최근 딥러닝 기반 모델들을 활용한 기상 예측, 분석 연구가 활발하다. 전통적인 규칙 기반의 초창기 인공지능이 아닌, 오늘날 주로 사용되는 데이터 기반의 학습 방법을 사용하는 인공지능 연구의 실제 사례와 관측 데이터를 통해 기상 현상을 예측하려는 시도를 소개한다.

AI와 사주?

기상 예측을 위한 기상 현상 패턴 찾기

삼한사온은 한국의 겨울철 날씨에서 나타나는 독특한 기상 패턴을 설명하는 용어다. 세 번의 추운 날 뒤에 네 번의 따뜻한 날이 뒤따른다는 뜻으로, 차가운 대륙성 고기압의 세력 확장과 약화가 주기를 가지고 있다는 과학적 원리는 후대에 밝혀졌지만, 이 기상 현상은 예로부터 우리 조상들의 경험을 통해 전해져 내려온 겨울철 날씨의 지혜였다.

표준 국어 대사전에 의하면 패턴이란 일정한 형태나 양식 또는 유형이다. 옥스퍼드 영영사전에 따르면 무언가가 일어나거나 수행되는 규칙적인 방식 또는 일상적인 절차라고 정의된다. 즉, 어떤 현상이 반복적으로 나타나면서 유사한 구조로 설명이 가능할 때 그 현상은 패턴이 있다고 설명할 수 있다. 따라서 패턴이 있는 현상은 예측이 가능하며, 인간은 오래전부터 이러한 자연의 규칙성을 탐구해 다양한 자연의 법칙을 발견하고 이해해 왔다.

패턴을 찾기 위해 우리는 두 가지 접근법을 사용한다. 현상을 직접 관찰하고 데이터를 수집하는 관측적 접근과 현상을 수학적 모델이나 논리 체계로 설명하는 이론적 접근이다. 이론적 접근은 복잡한 시스템을 단순화해 핵심 변수들 간 관계에 집중함으로써, 현상의 근본적인 메커니즘과 원칙을 이해하는 데 매우 유용하다. 이러한 단순화는 현상의 본질을 파악하고 예측 모델을 만드는 데 필수적이지만, 현실 세계의 매우 복잡하고 비선형성이 높은 현상을 설명하는 데는 한계가 있다. 특히 여러 요소들이 서로 복잡하게 상호 작용하고, 작은 변화가 예측하기 어려운 큰 결과를 초래할 수 있는 시스템에서는 이론적 모델의 예측력이 제한될 수 있다. 관측적 접근은 실제 현상을 있는 그대로 관찰하고 데이터를 수집하는 가장 기본적인 과학적 방법이다. 이는 실제 세계의 복잡성을 모두 포함할 수 있다는 장점이 있지만, 표본의 크기와 대표성에 따라 일반화의 오류가 발생할 수 있으며, 많은 변수가 동시에 작용하는 상황에서는 상관관계와 인과관계를 명확히 구분하기 어렵다는 제약이 있다.

최근 인공지능 방법론은 수많은 파라미터로 구성된 인공 신경망 알고리즘을 활용해 데이터 패턴을 스스로 학습하고, 복잡하고 비선형적인 관계를 효과적으로 모델링한다. 이러한 특성 덕분에 단순한 가정만으로 설명하기 어려운 대규모 데이터에서 의미 있는 통찰을 도출하는 데 뛰어난 성과를 보이고 있다. 특히, 기존의 규칙 기반 접근법으로 설명하기 어려운 데이터의 특징을 학습을 통해 추상화된 형태로 일반화함으로써, 복잡한 패턴을 효과적으로 찾아낼 수 있다는 점이 딥러닝의 강점이다.

인공지능이 이미지의 패턴을 찾아내기 위해 인간의 시각 정보 처리 과정 일부를 모방했지만, 이제는 인간보다 더 뛰어난 시각 인식 능력을 가지게 되었다. 2010년부터 8회간 진행되었던 이미지넷 경진 대회(ImageNet Large Scale Visual Regognition Challenge, ILSVRC)는 컴퓨터 비전 분야에서 인공지능의 시각 정보 처리 능력에 대해 역사를 새로 썼다는 평가를 받는다. 이러한 이미지 처리 능력은 의료 분야, 자율 주행 차, 로봇 등 다양한 산업에서 혁신적인 변화를 이끌고 있다. 이 대회에서는 2012년 그 혁신성을 선보인 'AlexNet'을 시작으로 단순한 모델 구조를 가졌으나 뛰어난 성능을 보인 'VGGNet', 그리고 네트워크의 깊이가 증가할수록 학습이 어려워지는 문제를 해결한 'ResNet' 등, 최근 고도화된 인공지능 모델의 근간이 되는 모델 구조를 소개하며 인공지능 발전에 매우 중요한 역할을 했다.

이러한 발전 흐름에 맞춰 기상 분야에서도 2010년대부터 이미지화된 기상 데이터를 활용한 인공지능 기법이 적극적으로 도입되기 시작했다. 특히 기상 예측에서는 시계열 분석이 중요한 만큼, 기상 이미지 데이터를 기반으로 한 인공지능 예측 모델이 큰 주목을 받았다. 그중에서도 2015년 9월 발표된 'ConvLSTM' 모델 구조는 미래 기상 이미지를 예측하는 연구의 중요한 출발점이 되었다. 이전까지 시계열 예측에서는 순환 신경망(Recurrent Neural Network, RNN)을 활용한 1차원 시계열 데이터 처리가 주로 사용되었다. 그러나 2015년 'ConvLSTM' 구조가 등장하면서 시계열 이미지 데이터를 활용한 미래 이미지 예측이 가능해졌다.

'ConvLSTM'은 장단기 메모리(Long Short-Term Memory, LSTM) 구조에 합성곱 신경망(Convolutional Neural Network, CNN)의 연산 기능을 추가해 이미지 처리가 가능하도록 확장된 모델이다. 이 구조는 공간적 패턴을 효과적으로 추출하는 CNN과 시계열 패턴을 포착하는 순환 신경망(RNN)의 장점을 결합해, 시공간 상관관계를 보다 정교하게 학습할 수 있도록 설계되었다. 'ConvLSTM'의 이러한 특징을 활용해, 논문 저자들은 시계열 강수 레이더 관측 데이터를 기반으로 미래 강수 이미지를 예측하는 실험을 수행했다. 실험 결과는 광학 흐름(Optical Flow) 기반 모델과 비교되었으며, 'ConvLSTM'을 활용한 예측이 더 높은 성능을 보였다. 이는 광학 흐름이 과거 시계열 이미지의 운동 벡터를 따라 미래 이동 패턴을 예측하는 방식인 반면, 'ConvLSTM'은 공간적 패턴과 시간적 변화를 동시에 학습해 보다 정밀한 예측이 가능하기 때문이다. 'ConvLSTM'은 이러한 강점 덕분에 이미지 기반 시계열 예측 분야에서 중요한 연구로 자리 잡았으며, 2024년까지 1만 회 이상 인용될 정도로 높은 영향력을 보였다.

이 연구 이후 2016년 극한 기상 현상을 탐지하기 위해 미국의 로런스 버클리 연구소 산하에서 운영되는 고성능 컴퓨팅 센터인 국립 에너지 연구 과학 컴퓨팅 센터(NERSC, National Energy Research Scientific Computing Center)에서는 '기후 데이터셋에서 극한 날씨를 감지하기 위한 심층 합성곱 신경망의 응용'이라는 연구를 발표했다. 저자들은 기후 시뮬레이션에서 극한 기상 상태를 정확히 이해하기 위해서는 기후 변화 맥락에서 기후 패턴의 추세와 잠재적 영향을 이해하는 것이 중요하다는 점을 지적하며, 순환 신경망을 통해 열대 사이클론과 대기의 강(Atmospheric River)과 같은 극한 현상의 기후 패턴을 탐지하는 문제를 해결하고자 했다. 이 연구에서 흥미로웠던 점은 극한 기후 탐지를 시간적 패턴 인식 문제로 정의했다는 것이다. 이를 위해 기상 전문가들이 수작업으로 열대 사이클론과 대기의 강을 이미지에서 식별하고 라벨을 생성한 뒤, 사건이 발생한 지역의 바운딩 박스 내에서 관련 기상 변수를 추출해 학습을 진행했다. 이 연구는 대규모 데이터셋에서 극한 현상을 감지하기 위해 합성곱 신경망을 활용한 최초의 딥러닝 기술 적용 사례였다. 이 연구에서 타깃이 된 열대 사이클론이나 대기의 강 현상은 공간적인 특징이 뚜렷했기 때문에 공간적인 패턴을 찾기에 유리했다.

인공지능이 배우는 기상 현상 패턴

인공지능은 학습된 패턴을 기반으로 새로운 데이터를 분석해 분류, 예측, 인식, 생성 등의 작업을 수행할 수 있다. 앞서 설명한 두 연구에서 확인할 수 있듯이, 이러한 기술은 복잡한 기상 현상 패턴을 효과적으로 분석하고 미래 변화를 예측하는 데 활용될 수 있다. 특히, 기상 데이터를 기반으로 한 인공지능 모델은 기존의 전통적인 기상 예측 방법보다 더 정밀하고 빠른 분석을 제공한다.

로런스 버클리 연구소의 연구처럼 공간적 패턴을 가진 열대성 저기압은 인공지능을 적용하기에 적합한 연구 대상으로, 인공지능 활용 초기부터 활발히 연구되어 왔다. 이는 태풍의 눈과 그 주변 강우대가 뚜렷한 공간적 패턴을 형성하기 때문이며, 이러한 특징은 인공지능 모델이 학습하고 분석하는 데 유리한 구조를 제공한다.

또한 열대성 저기압은 뚜렷한 패턴을 가지기 때문에 인공지능 모델뿐만 아니라 전통적인 기상 연구에서도 오랜 기간 중요한 연구 대상으로 다뤄져 왔다. 실제로 이러한 공간적 패턴을 활용한 연구는 인공지능이 등장하기 훨씬 이전인 1970년대 초반부터 시작되었으며, 당시 도입된 드보락(Dvorak) 기법은 태풍 강도를 분석하는 주요 방법 중 하나로 자리 잡았다.

드보락 기법은 위성 영상을 활용해 태풍의 강도를 추정하는 방법으로, 태풍의 구조적 패턴을 분석하는 데 중요한 역할을 해 왔다. 현재까지도 널리 사용되고 있는 이 기법의 명칭은, 이를 개발한 미국 기상학자 버넌 드보락(Vernon Dvorak)의 이름에서 유래했다.

드보락 기법의 핵심은 위성 이미지에서 관측되는 열대성 저기압의 구조와 강도의 상관관계에 있다. 이 기법은 구름의 공간적 분포와 구조 등을 통해 강도 지수를 산출하며, 지난 24시간 동안 그 구조가 어떻게 변화했는지를 통해 열대성 저기압의 발달과 소멸을 판단할 수 있다. 비교적 간단한 방법으로 강도를 추정할 수 있다는 이유로 기상학 분야에서 널리 사용되는 방법이다. 하지만 전문가에 따라 해석이 달라질 수 있으며 구조가 명확하지 않고 강도가 약한 경우 강도 추정이 어려울 수 있다는 한계가 지속적으로 지적돼 왔다.

이런 한계를 극복하기 위해 자연스레 인공지능 기법 도입이 검토되었다. 인공지능은 대량의 위성 이미지를 학습해 기상 전문가가 놓칠 수 있는 미세한 패턴을 포착할 수 있으며, 일관된 강도 추정이 가능하다는 장점이 있다. 이러한 장점을 활용해 알라바마 대학교에서는 2017년 깊은 합성곱 신경망(Deep Convolutional Neural Network)을 활용해 태풍 강도를 추정하는 연구를 발표했다. 이 연구에서는 기존의 드보락 기법이 가진 문제를 지적하며, 딥러닝이 공간적 상관관계를 모델링하고 이미지를 인식하는 데 뛰어난 성능을 보이기 때문에 태풍의 강도를 추정하기에 적절하다는 점을 강조했다.

연구진은 이 연구를 위해 1999년부터 2014년까지 대서양과 태평양에서 발생한 총 98개의 사이클론 이미지를 2시간 간격으로 수집해 강도를 분류했다. 그 결과, 모델이 가장 높은 확률로 예측한 강도 등급이 실제 강도와 일치하는 비율은 81%였으며, 상위 두 개의 예측 중 하나가 실제 강도와 일치하는 경우까지 포함하면 정확도가 약 95%에 달하는 것으로 나타났다. 본 연구는 인공지능 모델을 활용하면 매우 높은 정확도로 사이클론 강도를 추정할 수 있다는 것을 보여 주었다.

최근에는 공간적 패턴이 뚜렷한 기상 현상뿐만 아니라 과거에 관찰된 기상 패턴을 분석해 현재의 기상 상황과 비교함으로써 미래를 예측하는 아날로그 예보에도 인공지능이 활용되고 있다.

특히 2020년 미국 텍사스주의 라이스 대학교에서 수행된 연구에서는 폭염과 한파 같은 극한 기상 현상의 예측 정확도를 높이기 위해 과거 기상 데이터의 특징을 학습하는 방법을 적용했다. 연구 팀은 과거의 유사한 기상 패턴을 분석하고 이를 현재 기상 조건과 비교함으로써 보다 정밀한 기상 예측을 가능하게 하는 인공지능 모델을 개발하는 데 초점을 맞추었다.

연구 팀은 아날로그 예보에 기반한 새로운 딥러닝 패턴 인식 기법인 캡슐 신경망(Capsule Neural Networks, CapsNets)을 제안했다. 이 모델은 500hPa 고도의 지위고도장 패턴과 지표면 온도를 함께 학습해, 폭염과 한파가 발생할 지역을 약 80% 정확도로 예측할 수 있음을 입증했다. 또한 연구진은 이 기법을 기존의 로지스틱 회귀(Logistic Regression) 방법과 비교한 결과 인공지능 기반 모델이 더 우수한 성능을 보인다는 점을 확인했다. 과거의 전통적인 아날로그 예보는 패턴 간 상관관계 또는 유클리드 거리(Euclidean Distance)를 기반으로 가장 유사한 아날로그 조합을 찾는 방식이었다. 하지만 인공지능을 활용하면 단순한 거리 기반 비교를 넘어, 과거 기상 패턴의 특성 공간(Feature Space)에서의 유사성과 잠재적인 복잡 관계를 효과적으로 학습할 수 있기 때문에 더욱 강력한 성능을 기대할 수 있다고 연구 팀은 주장했다.

이렇듯 인공지능 기술은 기상 및 기후 데이터에서 패턴을 파악하는 능력을 제공하며, 복잡한 물리적 관계를 데이터로부터 스스로 학습함으로써 보다 정밀한 예측과 분석을 가능하게 한다. 초기에는 인공지능 기술이 물리 모델에 비해 한계가 있어 단기적이고 국소적인 날씨 및 기후 예측에 제한적으로 사용된다고 알려졌으나, 최근에는 딥러닝 모델이 점차 고도화되고 정교해지면서 장기적이고 광범위한 데이터에도 활용될 수 있는 가능성을 보여 주고 있다. 특히 인공지능은 물리 모델로는 설명하기 어려운 미세한 패턴을 잘 포착하고, 비선형적이고 복잡한 기상 변수 간의 관계를 학습함으로써 정확한 예측 정보를 생성하는 데 중요한 역할을 하고 있다.

참고문헌

Chattopadhyay, A., Nabizadeh, E., & Hassanzadeh, P.(2020). Analog forecasting of extreme? causing weather patterns using deep learning. *Journal of Advances in Modeling Earth Systems, 12(2)*, e2019MS001958.

Chen, S., Long, G., Jiang, J., Liu, D., & Zhang, C.(2023). Foundation models for weather and climate data understanding: *A comprehensive survey*, https://arxiv.org/abs/2312.03014

Pradhan, Ritesh, et al.(2017). Tropical cyclone intensity estimation using a deep convolutional neural network. *IEEE Transactions on Image Processing, 27.2*, pp. 692–702.

Shi, Xingjian, et al.(2015). Convolutional LSTM network: A machine learning approach for precipitation nowcasting. *Advances in neural information processing systems(28)*.

05
나비 효과와 인공지능

나비 효과는 초기 조건의 중요성을 설명하는 기상학 용어로, 나비 효과의 원인이 되는 기상 시스템의 비선형성과 카오스적 특성은 기상 예측 정확도를 제한한다. 인공지능은 과연 이러한 근본적인 한계를 극복하고 장기 예측의 정확도를 높일 수 있을지, 그리고 대기가 가지고 있는 근본적인 특성인 나비 효과를 이해할 수 있는지 알아본다.

AI와 아이돌?

사소한 숫자로 밝혀진 예측 불가능성

0.000127이라는 작은 숫자가 무시된 덕분에 우리는 '나비 효과'라는 말을 얻게 되었다. 1961년, 기상학자 에드워드 로렌츠(Edward Lorenz)는 날씨 패턴을 시뮬레이션하던 중, 입력 변수 0.506127을 0.506으로 반올림했다. 단순한 소수점 생략처럼 보였던 이 변화가 실험 결과에 어떤 영향을 미칠지 로렌츠는 미처 예상하지 못했다. 그러나 같은 조건에서 반복 수행한 시뮬레이션 결과가 이전과는 완전히 다르게 나타나는 것을 발견했다. 단지 소수점 넷째 자리 이하 작은 숫자를 반올림했을 뿐이었지만, 그 미세한 차이가 두 달 후의 날씨 예측을 전혀 다른 결과로 이끌었던 것이다.

이 실험을 통해 로렌츠는 '작은 변화가 단순히 작은 영향을 주는 것이 아니라, 때로는 예측 불가능할 정도로 거대한 변화를 초래할 수 있다'는 사실을 깨닫게 되었다. 그는 "결정론적 비주기적 흐름(Deterministic Nonperiodic Flow)"이라는 논문에서 이러한 발견을 발표했다. 이는 카오스 이론(Chaos Theory)의 기초가 되었을 뿐만 아니라 우리가 오늘날 '나비 효과(Butterfly Effect)'라고 부르는 개념의 시발점이 되었다.

로렌츠는 논문에서 초기 조건의 미세한 차이가 시간

이 지남에 따라 시스템 변화에 큰 영향을 미칠 수 있으며, 비주기적인 흐름을 가지는 시스템에서는 장기적인 예측이 근본적으로 불가능하다는 점을 주장했다. 이는 작은 변화가 예측할 수 없는 복잡한 결과를 초래할 수 있으며, 먼 미래의 상태를 정확히 예측하는 것이 어렵다는 사실을 시사한다. 아이작 뉴턴(Isaac Newton)의 '세상은 예측 가능하다'라는 주장과, 프랑스 수학자 피에르-시몽 라플라스(Pierre-Simon Laplace)가 제안한 '라플라스의 악마(Laplace's Demon)' 개념과 정면으로 배치되는 주장이다. '라플라스의 악마'는 라플라스가 저서 『확률의 철학적 해석(Essai Philosophique sur les Probabilites)』에서 제시한 개념으로, '우주의 현재 상태를 완벽히 알 수 있다면, 미래 역시 불확실한 것이 없으며 마치 과거처럼 명확하게 예측할 수 있다'라는 결정론적 세계관을 설명하는 존재다. 로렌츠의 연구는 이러한 결정론적 관점을 뒤집으며 뉴턴적 결정론이 아닌 '예측 가능성의 한계'를 인정하는 새로운 과학 패러다임의 시작을 알렸다.

로렌츠는 예측 가능성의 한계를 설명하며, 그 원인 중 하나로 대기에서 발생하는 수송(Transport)을 지목했다. 그는 대기 속성(열, 습기 등)이 바람에 의해 불균등하게 이동하는 현상이 복잡한 기상 변화를 유발하며, 이를 통해 대기가 본질적으로 예측하기 어려운 상태가 된다고 설명했다. 수송 현상은 바람의 속도와 같은 미세한 요소에도 민감하게 반응한다. 따라서 기상 상태를 아주 세밀하게 측정해야 수송에 따른 변화를 이해하는 데 중요한 단서를 얻을 수 있다. 하지만 대기의 모든 변수를 매우 정밀하게 파악하기 위해 모든 지점에서 완벽한 데이터를 수집하는 것은 불가능하다. 결국 초기 조건을 완벽히 알지 못하게 되고, 이는 예측 시간이 길어짐에 따라 오차가 누적되면서 장기적인 기상 패턴을 정확하게 예측하는 것에 어려움을 준다. 이러한 이유로 로렌츠는 장기적인 기상 패턴을 완벽하게 예측하는 것은 본질적으로 불가능하다고 주장했다. 이는 단순히 계산 문제가 아니라, 기상 시스템이 가진 내재적인 비선형성과 민감한 특성에서 비롯된 필연적인 한계라고 보았다.

그렇다면 최근 다양한 가능성을 보여 주고 있는 인공지능은 과연 이러한 한계를 극복해 장기 예측을 가능하게 만들 수 있을까?

이 질문에 답하기 위해서는 딥러닝이 2주를 넘어서는 장기 예측에서 어떤 성과를 보이는지 확인할 필요가 있다. 현재까지 수치 예보 모델(Numerical Weather Prediction, NWP)에서는 여전히 로렌츠의 주장이 적용되고 있으며, 2주 이상의 기상 예측은 '예측 가능성 사막(Predictability Desert)'으로 불리며 한계를 지닌 분야로 인식되고 있다. 다시 말해 2주 이상의 예측은 여전히 높은 불확실성을 가지며, 성능 개선이 필요한 연구 영역으로 남아 있다. 이러한 상황에서 인공지능이 기존 모델의 한계를 넘어 장기적인 기상 예측의 새로운 가능성을 열 수 있을지 주목된다.

세계기상기구(WMO) 산하 세계 기상 연구 프로그램(WWRP)과 세계 기후 연구 프로그램(WCRP)은 2013년 중기 및 계절(Subseasonal to Seasonal, S2S) 예측 프로젝트를 시작했다. 이 프로젝트는 2주에서 1개월을 예측하는 중기 예측(Subseasonal)과 1개월에서 3개월을 예측하는 계절 예측(Seasonal)의 정확도를 향상시키는 것을 목표로 한다. S2S 예측 정보에 대한 수요와 기대는 크지만, 신뢰도가 낮은 문제를 해결하고자 한 것이다. 그런 가운데 본 프로젝트에서도 최근 단기 예측에서 뛰어난 성과를 보인 인공지능을 활용하고자 하는 시도가 있었으며, 2021년 스위스 데이터 과학 센터는 유럽중기예보센터와 협력해 인공지능을 활용한 중기 및 계절 예측 개선을 목표로 한 대회를 개최했다.

이 대회는 현재로부터 3~4주와 5~6주 이후의 온도

와 강수량에 대한 최적의 확률 예측을 제공하는 것을 목표로 진행되었다. 총 47개 팀이 참여했으며, 그중 5개 팀이 유럽중기예보센터의 기존 예측보다 더 높은 성능을 기록했다. 특히 상위 3개 팀의 결과는 기존 방법보다 상당히 향상된 예측 성능을 보였으며, 단순한 편향 보정 기법보다 인공지능을 활용한 접근 방식으로 더욱 정교한 예측이 가능함을 입증했다. 이러한 예보 개선은 인공지능이 장기 예측에서도 기존 한계를 극복할 가능성이 있음을 시사한다.

최근 발표된 연구에서도 이러한 가능성을 확인할 수 있었다. 2023년에는 인공지능 분야에서 가장 권위 있는 학술 대회 중 하나인 신경 정보 처리 시스템 학회 (Conference on Neural Information Processing Systems, NeurIPS)에서 미국의 중기 예보 모델을 벤치마킹할 수 있는 'SubseasonalClimateUSA'라는 이름의 데이터셋 연구 논문이 발표되었다. 이 논문에서는 기상 현상이 전 지구에 걸쳐 서로 다른 공간과 시간 규모에서 상호작용하고 있어 중기 예측에 어려움이 있다는 점을 지적했고, 인공지능 분야에서 더 표준화된 데이터셋으로 중기 예측 모델을 개발해야 함을 강조했다. 이 연구에서 제안된 벤치마크 데이터셋으로 학습된 인공지능 모델은 강수량과 기온의 중기 예측 평가에서 미국에서 운영 중인 기상 예측 모델과 비교해도 10% 더 정확하고, 기술 점수 기준으로는 약 330% 더 우수한 성능을 보였다.

이처럼 인공지능이 기존 모델보다 중기 및 계절 예측에서 더 좋은 성능을 보일 수 있다는 가능성을 제시하는 연구가 계속되고 있다. 하지만 여전히 기후 예측에서 활용되는 변수의 수가 제한적이기 때문에 현재 상태에 대한 정확한 판단이 어렵다는 한계가 있으며, 평균장에 대한 예측은 성능 개선이 명확하나 지역별 상세 기후 정보나 극한 기후 현상에 대한 예측 정확도 향상에는 더 많은 연구가 필요하다는 점이 지적되고 있다.

남반구에서 기상 예측 정확도가 향상될 수 있었던 혁신적 요인 중 하나가 위성 데이터였던 것처럼, 기후 예측의 정밀도를 높이기 위해서도 장기 기상 현상에 영향 요인을 반영한 인공지능 활용이 필수적이다. 이를 위해, 학습 모델이 기후 현상의 패턴을 이해할 수 있도록 각 현상을 잘 설명하는 데이터셋을 활용하고, 이들이 상호 작용하는 방식을 분석할 수 있도록 연구가 이루어져야 한다. 이러한 접근법은 중기 이상의 기상 예측 정확도를 향상시키는 데 중요한 역할을 할 것이다.

인공지능은 나비 효과를 재현할 수 있을까?

인공지능을 활용한 장기 예측이 기존의 한계를 뛰어넘을 가능성이 제기되는 가운데, 나비 효과와 관련해 또 하나의 중요한 의문이 떠오른다. 과연 인공지능은 로렌츠가 지적한 바와 같이 기상과 같은 복잡한 시스템에서 초기 조건의 미세한 차이가 시간이 지나며 큰 변화를 초래할 수 있다는 물리적 특성을 이해하고 학습할 수 있을까?

즉 인공지능 기반 예측 모델이 패턴 학습을 통해 높은 정확도를 보일 수는 있지만, 물리 법칙이 규정하는 예측 가능성의 근본적인 한계가 인공지능 학습에도 동일하게 적용되는지에 대한 질문을 던져 볼 수 있다. 이는 인공지능이 단순한 데이터 학습을 넘어, 기상 시스템의 본질적인 불확실성을 얼마나 효과적으로 학습에 반영할 수 있는지에 대한 논의를 더욱 확장할 필요가 있음을 시사한다.

이 질문과 관련해 최근 흥미로운 연구 결과가 발표되었다. 독일 항공우주연구센터(DLR)의 셀츠 토비아스(Selz Tobias)와 뮌헨 루트비히-막시밀리안 대학교의 조지 크레이그(George Craig)는 인공지능 기반 기상 예측 모델에서 초기 조건의 작은 섭동(perturbation)이 어떻게 오차를 유발하는지 분석해 해당 모델이 나비 효과를 시뮬레이션할 수 있는지 검증했다. 이들은 2015년 연구에서도 구름이 형성될 때 방출되는 열이 대기의 복잡한 변화를 유발하며, 이로 인해 대기 상태의 미세한 차이가 빠르게 증폭되어 예측 결과에 큰 영향을 미칠 수 있음을 밝혀 냈다. 따라서 이들은 설령 초기 조건을 완벽하게 제공할 수 있는 관측 데이터와 모델이 존재하더라도, 날씨 예보 정확도가 유지될 수 있는 시간에는 한계가 있을 수밖에 없다고 주장했다. 이는 단순한 모델의 한계가 아니라, 지구 대기의 근본적인 물리적 특성으로 인해 피할 수 없는 한계라고 설명했다.

이들의 2023년 연구는 인공지능 기상 예측 모델인 판구 웨더(Pangu-Weather)를 활용해 나비 효과가 실제로 재현될 수 있는지 검증했다. 이를 위해, 초기 조건이 아주 조금씩 다른 여러 개의 기상 예측 실험을 수행하고, 그 결과를 기존의 물리 기반 수치 예보 모델인 ICON(ICOsahedral Non-hydrostatic model)과 비교했다. 실험은 여름철 대류(공기 흐름에 의해 발생하는 상승 기류)가 활발해질 가능성이 높은 6월을 대상으로 진행되었다. 연구진은 유럽중기예보센터(ECMWF)의 현재 운영 방식을 참고해, 초기 조건의 불확실성을 반영한 다양한 입력 데이터를 생성했다.

그러나 이 방법으로 생성된 초기 조건은 불확실성이

너무 커서 나비 효과를 제대로 분석하기 어려운 문제가 있었다. 이를 해결하기 위해, 연구진은 초기 조건의 불확실성을 기존보다 1000배 줄여, 극도로 작은 차이가 예측 결과에 어떤 영향을 미치는지 분석할 수 있도록 실험을 설계했다. 이 연구는 인공지능 모델이 작은 초기 조건 변화에도 민감하게 반응하며, 나비 효과가 적용되는 복잡한 기상 시스템을 얼마나 잘 반영할 수 있는지를 검증하는 중요한 실험이었다.

이 흥미로운 실험의 결과, 인공지능 모델에서 단기 예측 결과는 물리 모델과 매우 유사했지만, 물리 모델에서 확인할 수 있는 오차의 성장은 발견되지 않았다. 이러한 결과는 인공지능이 기상 시스템의 본질적인 불확실성을 충분히 반영하지 못하고 있음을 보여 준다. 즉, 인공지능은 '나비 효과'를 잘 반영하지 못한다는 것이다. 하지만 저자들은 근본적으로 나비 효과가 관측을 통해 정의될 수 없는 물리적 특성 중 하나이기 때문에 인공지능이 이를 학습하지 못한다는 것은 예견된 결과였다고 설명했다. 따라서 초기 조건을 여러 개 주는 방식을 활용해 오차 성장을 포함하는 정보를 인공지능에게 학습할 수 있도록 해 나비 효과가 존재한다는 정보를 제공한다면 인공지능 모델이 보다 현실적으로 나비 효과를 재현할 수 있을 것으로 기대한다고 했다.

이번 연구 결과는 향후 인공지능 기반 기상 예측 모델이 나아가야 할 방향에 중요한 시사점을 제공한다. 단순히 관측된 데이터를 학습하는 것만으로는 기상 시스템의 본질적인 물리적 특성을 충분히 반영하지 못할 가능성이 있다는 것이다. 따라서 보다 신뢰할 수 있는 인공지능 기반 기상 예측을 위해서는 우리가 알고 있는 물리적 원리를 반영한 학습 데이터를 생성하고 이를 모델 훈련에 활용하는 접근이 필요하다. 이러한 방법은 인공지능이 단순한 패턴 인식을 넘어, 실제 기상 시스템의 복잡한 상호 작용을 이해하도록 돕고, 예측의 신뢰성을 향상시키는 데 기여할 것으로 기대된다.

참고문헌

Ashley Hamer(2019. 8. 1). The Butterfly Effect is Why it's impossible to predict the weather, *Discovery*, https://www.discovery.com/science/Butterfly-Effect-Predict-the-Weather

Chen, L., Zhong, X., Li, H., Wu, J., Lu, B., Chen, D., & Qi, Y.(2024). A machine learning model that outperforms conventional global subseasonal forecast models. *Nature Communications, 15(1)*, 6425.

Peter Dizikes(2011. 2. 22), When the Butterfly effect took flight,

MTI Technology Review, https://www.technologyreview.com/2011/02/22/196987/when-the-butterfly-effect-took-flight/

Selz, T., & Craig, G. C.(2023). Can Artificial Intelligence-Based Weather Prediction Models Simulate the Butterfly Effect?. *Geophysical Research Letters, 50(20)*, e2023GL105747.

F. Vitart, A. W. Robertson, A. Spring, F. Pinault, R. Roškar, W. Cao, … & S. Zhou(2022). Outcomes of the WMO Prize Challenge to Improve Subseasonal to Seasonal Predictions Using Artificial Intelligence. *Bulletin of the American Meteorological Society, 103(12)*, E2878-E2886.

06
빅테크 기업의 기상 예측 경쟁

구글, IBM, 마이크로소프트, 화웨이, NVIDIA와 같은 많은 빅테크 기업들이 기상 예측 기술 개발에 열을 올리고 있다. NVIDIA는 디지털 어스를 개발하고자 하고, 화웨이는 세계에서 가장 정확한 예측 모델을 보유한 유럽중기예보센터(ECMWF) 웹 플랫폼에 자사의 인공지능 모델을 탑재했다.

AI와 야구?

미국의 기상 예측 경쟁

세계적인 빅테크 기업들이 인공지능 기반 기상 예측 모델을 연이어 개발하며 기상 예측 정확도를 놓고 새로운 경쟁 구도를 형성하고 있다. 과거에는 기상 예측 모델 개발이 고비용 슈퍼컴퓨터를 운용할 수 있는 국가의 기상청과 정부 기반 연구소를 중심으로 이루어졌으나, 최근에는 이 연구의 중심이 인공지능 연구를 선도하고 있는 글로벌 기업으로 이동해 예측 속도를 높이고, 컴퓨팅 비용을 절감하며 정확도를 향상시키려는 새로운 시도가 활발하다. 이러한 흐름은 기상 예측 기술이 국가 인프라를 활용한 공공 서비스 영역을 넘어 기술 혁신의 장으로 변모하고 있음을 시사한다. 특히 2024년은 빅테크 기업들이 자체 개발한 기상 예측 모델을 세계적인 저널과 컨퍼런스에서 선보이며 기상 예측 발전에 큰 전환점이 되었다.

이 경쟁의 시작은 2022년, NVIDIA에서 포캐스트넷(Fourier ForeCasting Neural Netowk, FourCastNet)을 발표하면서 시작되었다. 포캐스트넷은 기상 현상의 공간 의존성을 추출하기 위해 구면 푸리에 신경 연산자를 사용해 단기 및 중기 전 지구 기상을 예측하는 모델이다. 2021년까지 발표된 데이터 기반의 글로벌 기상 예측 모델들이 낮은 해상도로 예측을 수행했기 때문에 저해상도 예보의 한계를 극복하고자 포캐스트넷은 0.25° 해상도로 기존 데이터 기반 예측 모델들보다 8배 높은 해상도의 예측을 시도했다. 계산 자원에서도 일주일간의 예보를 2초 이내에 생산할 수 있어 컴퓨터 노드(Node) 시간 기준으로 전통적인 수치 기상 예보보다 약 4만 5000배 빠르다는 점이 강조되었다. 저렴한 비용으로 예측이 가능하다는 특징은 대규모 앙상블 예보를 가능하게 해 확률적 예보 개선에 기여할 것으로 기대되었다. 이 모델을 훈련하기 위해 필요한 에너지는 유럽중기예보센터에서 개발한 세계 최고 수준의 전 지구 수치 기상 예측 모델인 IFS((Integrated Forecasting System)를 사용해 50개의 앙상블을 구성해 10일 예보를 생성하는 데 필요한 에너지와 동일하다는 점도 에너지 효율 면에서 매우 주목할 만한 특징이다.

이후 NVIDIA에서는 2023년 발표된 구글의 그래프캐스트(GraphCast)가 구형의 지구를 고려해 모델을 개발한 것과 같이 구면 컨볼루션 정리를 기반으로 푸리에 신경 연산자를 구면으로 확장한 두 번째 연구를 발표했다. 현재 유럽중기예보센터는 이 두 모델을 포함해 화웨이의 판구 웨더와 구글의 그래프캐스트 그리고 마이크로소프트의 오로라 등 인공지능을 사용한 모델들의 성능을 테스트해 비교 검증하는 플랫폼을 운영 중이다.

NVIDIA는 포케스트넷에 이어 2024년 8월 스톰캐스트(StormCast)라는 모델도 발표했는데, 이 모델은 같은 해 6월에 발표한 코디프(CorrDiff) 모델을 고도화한 버전이다. 코디프 모델은 25km 해상도의 날씨 데이터셋을 3km로 초해상화하는 모델로 대기 특성을 더 상세히 분석할 수 있도록 돕는 역할을 하는 모델이었다. 수 킬로미터 규모의 기상 현상은 수십 킬로미터의 기상 현상과 비교해 매우 복잡하며 대기역학적 균형에서도 종종 벗어나기 때문에 작은 규모의 대류 운동과 함께 3차원의 난류 운동은 예측이 매우 어려워진다.

NVIDIA 팀은 이러한 복잡한 작은 규모의 대기 상태를 예측하기 위해 생성형 인공지능 기법을 사용하고자 했다. 스톰캐스트는 코디프 모델에 시간 단위로 자가회귀 기능을 추가해 과거 날씨 데이터로부터 수 킬로미터의 해상도에서 미래 날씨를 모사할 수 있도록 학습되어 대류 시스템과 관련된 극한 기상 현상의 발달 과정을 예측할 수 있다. 극한 기상 현상에는 뇌우, 토네이도, 호우 같은 이벤트가 포함되며 이러한 기상 현상은 인명과 재산에 치명적인 피해를 초래하기 때문에 정확한 예측이 중요하지만 지형, 토지 이용 등 영향을 반영해 예측하기 위해서는 높은 해상도의 모델링이 필요하다는 점에서 예측이 매우 어렵고 비용이 많이 든다는 문제가 있다. 또한 규모가 작은 기상 현상은 시간 스케일도 작기 때문에 시간적으로도 고해상도 데이터가 필요하지만 분석 데이터가 대부분 한 시간 이상 주기로 제공되기 때문에 한 시간보다 짧은 시간 규모를 갖는 대류 시스템은 데이터 기반으로 날씨를 예측하기에 불확실성이 높아진다는 문제가 있다.

스톰캐스트는 고해상도 날씨 예측 문제를 생성형 모델링을 통해 해결하고자 했으며, 단일 초기 조건에서 하나의 예측이 아닌 다양한 대기 상태를 앙상블 예측해 생성한다는 특징이 있다. 또한 NVIDIA는 그래픽의 강자로서 이러한 시뮬레이션을 시각화하는 혁신적인 디지털트윈 클라우드 플랫폼 어스-2(Earth-2)를 선보였다. 어스-2는 인공지능, GPU 가속, 물리 시뮬레이션, 컴퓨터 그래픽 등이 결합되어 고해상도 시뮬레이션 수행이 가능하며 기상, 기후 예측을 시각화하고 분석할 수 있는 풀 스택 플랫폼이다. NVIDIA에서는 지구온난화로 인해 점점 더 심각해지는 기후 변화에 따른 재난 등에 대응하기 위해 실용적인 인사이트를 창출하는 기술로서 기상 전문가뿐만 아니라 정책 수립, 도시 개발 및 인프라 계획 등 정책 결정자들에게도 의사 결정을 지원하는 솔루션으로 어스-2를 활용할 수 있다는 점을 강조했다.

유럽중기예보센터에서 포캐스트넷과 비교 평가되고 있는 마이크로소프트의 오로라(AURORA)는 2024년 6월, 13억 개의 매개 변수를 가진 대규모 기상 예측용 파운데이션 모델로 소개되었다. 이 모델은 기존 기상 예측 시스템보다 5000배 더 빠른 처리 속도를 보이며, 100만 시간 이상 대규모 기상 및 기후 시뮬레이션 데이터를 학습해 개발되었다. 특히 오로라는 다양한 지구 시스템 응용 분야에 맞게 미세 조정이 가능하다. 이를 활용해 5일간의 글로벌 대기 오염 예측을 수행했으며, 해양의 파도, 열대성 저기압 등 특정 기상 현상에 대한 예측 결과도 발표했다. 특히 오로라는 다른 빅테크 기업들이 다루지 않았던 대기 오염 예측을 수행하며, 지구 시스템을 위한 기반 모델로서 가능성을 입증했다. 이는 오로라가 기상 예측을 넘어 다양한 분야로 확장될 수 있음을 보여 준 중요한 사례라 할 수 있다.

마이크로소프트는 오로라를 발표하기 1년 전인 2023년 3월, 비전 트랜스포머 아키텍처를 기반으로 클라이맥스(ClimaX)라는 모델을 발표했다. 비전 트랜스포머 아키텍처는 다양한 시공간 범위에서 입력된 데이터를 자연스럽게 나누어 처리할 수 있다. 또한 이렇게 변환된 정보를 여러 채널로 확장할 수 있어 복잡한 기상 및 기후 데이터를 효과적으로 분석하는 데 적합하다.

최근 발표된 오로라는 3D 스윈 트랜스포머(Swin Tranformer) 기법을 사용했는데, 클라이맥스가 사용했던 비전 트랜스포머의 단점으로 지적되던 계산 복잡도를 낮추고, 고해상도 이미지 처리를 더욱 효과적으로 수행할 수 있도록 개선되었다. 특히 3차원 스윈 트랜스포머 기법을 적용함으로써 시간에 따른 변화가 중요한 동적 데이터를 처리하는 데 유리해졌으며, 이를 통해 기상 예측에 최적화된 구조적 장점을 극대화할 수 있었다.

마이크로소프트는 오로라의 성능을 평가하기 위해 구글의 그래프캐스트(GraPhCast)와 비교했으며, 그 결과 오로라가 3일 이상의 리드 타임에서 상층 대기 예측 성능이 더 우수하다고 발표했다. 이러한 성능 차이는 주로 데이터의 다양성과 모델의 크기에서 기인하는 것으로 분석되었다. 실제로 그래프캐스트는 3700만 개의 파라미터를 사용하지만, 오로라는 13억 개의 파라미터를 보유하고 있어 보다 복잡하고 정교한 기상 패턴을 학습할 수 있었다. 또한 오로라는 다양한 데이터셋을 포함한 사전 훈련 전략을 적용했으며, 이러한 접근 방식이 기상 예측의 정밀도를 높이는 데 중요한 역할을 했다고 설명되었다.

마이크로소프트가 비교한 구글의 그래프캐스트는 ≪사이언스≫에 발표된 구글의 첫 번째 기상 예측 모델이다. 40년간의 재분석 데이터를 활용해 그래프 신경망이라는 구조로 학습된 모델 역시 10일치 예보를 1분 이내에 제공할 수 있어 계산이 빠르다는 점이 장점으로 소개되었다. 그래프캐스트는 입력 데이터를 격자가 아닌 노드 형태로 변환하고, 이를 연결하는 방식으로 모델이 설계되어 있다. 기존 기상 예측 모델들은 일반적인 이미지 예측 방식과 유사하게 데이터를 네모난 격자 형태로 변환해 학습했는데, 이러한 방식에는 지구가 둥근 형태라는 특성을 반영하지 못하는 한계가 있었다. 그래프캐스트는 이를 노드로 변환하면서 지구의 구형 구조를 보다 자연스럽게 반영할 수 있었으며, 특히 기존 방식에서 발생하던 위도별 각 격자가 대표하는 면적 차이와 고위도 지역의 왜곡 문제를 효과적으로 해결할 수 있었다.

2024년 7월, 구글은 ≪네이처(Nature)≫지에 새로운 기상 예측 모델인 뉴럴GCM(NeuralGCM)을 발표했다. 뉴럴GCM은 구글에서 개발한 가속기인 단일 텐서 프로

세싱 유닛(Tensor Processing Unit, TPU)에서 24시간 동안 7만 일의 기상 시뮬레이션을 수행할 수 있을 정도로 빠른 속도를 자랑하는 모델이다. 이는 기존의 수치 예보 모델과 비교했을 때 엄청난 발전이라 할 수 있다. 예를 들어, 전통적인 수치 예보 모델은 1만 3000개의 CPU를 갖춘 슈퍼컴퓨터에서 같은 24시간 동안 겨우 19일만 시뮬레이션할 수 있었다. 즉 뉴럴GCM은 기존 방식보다 훨씬 적은 연산 자원으로도 극도로 빠른 예측을 수행할 수 있다는 점에서 큰 의미를 가진다. 인공지능 예측의 빠른 속도는 앞서 설명한 다른 인공지능 모델들과 함께 인공지능 활용의 주요 강점으로 볼 수 있다.

이 모델을 개발한 스테판 호예(Stephan Hoyer)는 뉴럴GCM이 단순히 "물리학 대 인공지능"의 경쟁 구도가 아니라, "물리학과 인공지능의 조화"라고 설명했다. 뉴럴GCM이 기존의 수치 예보 모델에서 사용했던 물리 방정식 기반의 동역학 코어를 유지하면서도, 신경망을 활용한 물리적 모듈을 학습해 최적화하는 방식을 채택했기 때문이다. 이는 기존 수치 예보 모델에서 불확실성이 높았던 물리 모듈을 데이터 기반 학습 방식으로 대체하면서, 두 방법론의 장점을 결합하는 데 성공한 것으로 의의가 있다. 결과적으로 뉴럴GCM은 기존 수치 모델보다 더욱 안정적이고 정확한 예측을 가능하게 해 인공지능 기반 기상 예측 연구의 새로운 가능성을 열었다.

이후 몇 달 뒤인 2024년 12월 4일 구글의 딥마인드(DeepMind) 팀은 젠캐스트(GenCAST)를 발표했다. 이 모델은 뉴럴GCM이 발표된 지 몇 달 뒤, 같은 저널에 게재되었으며, 구글이 처음 공개했던 그래프캐스트의 후속작이다. 세계 최고의 기상 예측 모델을 보유하고 있는 유럽중기예보센터의 예측보다 최대 15일 전에 극한 기상 현상을 더 정확하게 예측하는 결과를 보여, 데이터 기반 기상 예측 분야의 발전에 중요한 진전이 되었다.

이전의 기상 예측 모델들은 대부분 결정론적 방식을 사용했지만, 젠캐스트는 딥러닝의 생성 모델 중 하나인 확산 모델(Diffusion Model)을 활용해, 여러 개의 예측 결과를 조합하는 확률적 앙상블 예보 방식을 택했다. 또한 젠캐스트는 뉴럴GCM과 달리 오직 인공지능 방법론만을 사용하며, 완전한 데이터 기반 접근 방법을 채택했다. 즉 기존의 물리 방정식을 활용하는 것이 아니기 때문에, 계속해서 새로운 데이터를 학습에 더 활용할 수 있어 시간이 지날수록 더욱 성능이 향상될 가능성이 크다. 또한, 젠케스트 역시 빠른 예측 시간을 자랑했는데, 15일 분량의 예보를 생성하는 데 8분밖에 걸리지 않았으며,

이는 인공지능 모델이 기상 예측에서 컴퓨팅 자원을 얼마나 효율적으로 사용할 수 있는지 보여 주는 또 하나의 사례라고 할 수 있다.

중국의 기상 예측 경쟁

이렇게 미국 빅테크 기업들이 기상 예측 기술 경쟁을 주도하는 가운데, 중국 화웨이도 이에 대응해 대규모 파운데이션 모델을 기반으로 인공지능 서비스를 확장하는 목표를 세웠다. 이러한 비전 아래 화웨이는 2023년 기상 예측 모델인 판구 웨더(Pangu-Weather)를 발표했다. '판구'는 중국 신화에 나오는 천지 창조주의 이름이다. 이 이름을 딴 해당 모델은 단순한 기상 예측을 넘어 재난 경보까지 포함한 예보를 몇 초 만에 생성할 수 있는 성능을 갖추고 있다. 이러한 강력한 기능을 바탕으로 창조주 판구처럼 위대한 능력을 지닌 기술을 개발하겠다는 의도가 이름에 반영된 것으로 보인다.

판구 웨더는 기존 기상 예측 모델보다 1만 배 빠른 속도를 자랑하며, 단 1.4초 만에 24시간 동안의 전 세계 일기 예보를 완료할 수 있다고 소개되었다. 또한 모델 설계에서 기존 모델들이 주로 사용했던 2차원 CNN 대신 3차원 CNN을 적용해, 대기의 중 · 상 · 하층 흐름을 더욱 정밀하게 분석할 수 있도록 했다. 예측 시간에 대해서도 다양한 시간 간격의 예측 모델을 계층적으로 활용하는 하이브리드 방식을 도입해, 장기 예측의 정확도를 유지하면서 단기 예측을 신속하게 제공할 수 있도록 최적화되었다. 화웨이는 이 기상 예측 모델을 전 세계 기상청과 협력해 농업, 임업, 축산업, 어업, 항공 및 항해 등 다양한 산업에 활용할 계획이라고 밝혔다.

이러한 빅테크 기업들의 데이터 기반 기상 예측 모델들은 기존의 물리 기반 예측 시스템과 함께 실전 테스트를 거치고 있다. 유럽중기예보센터는 2023년부터 물리 예측 기반 통합 예보 시스템(Integrated Forecasting System, IFS)과 함께 데이터 기반 기계 학습 예보 시스템을 검증하고 평가하는 플랫폼을 시범 운영하기 시작했다. 현재 유럽중기예보센터 홈페이지에서 검증 결과를 확인할 수 있으며, 유럽중기예보센터는 자체 개발한 데이터 기반 예측 모델인 AIFS(AI Forecast System)뿐만 아니라 구글의 그래프캐스트, 화웨이의 판구 웨더, NVIDIA의 포캐스트넷, 마이크로소프트의 오로라를 정기적으로 평가하고 있다. 검증 결과에 따르면, 판구 웨더는 물리 기반 모델과 비슷한 정확도를 보이며, AIFS와 그래프캐스트는 물리 기반 모델보다 우수한 성능을 나타낸 것으로 확인되었다.

이러한 결과는 빅테크 기업들의 기상 예측 기술이 미래 기상 예보 시스템의 핵심 기술로 자리 잡을 가능성을 높이고 있음을 보여 준다. 이들의 AI 기반 모델은 더 빠른 연산 속도와 낮은 컴퓨팅 비용이라는 강점을 바탕으로, 기상 예측 분야에서 점점 더 널리 활용될 것으로 기대된다. 기상 예측의 패러다임이 급격히 변화하고 있는 가운데 기존의 한계가 어디까지 극복될 것인가에 대한 논의는 계속될 것이며, 빅테크 기업에서 개발된 인공지능 기상 예측 모델이 예측 개선을 위한 보조 도구가 아니라 새로운 표준으로 자리 잡을 수 있을지에 대한 관심이 커지고 있다.

참고문헌

Chen, S., Long, G., Jiang, J., Liu, D., & Zhang, C.(2023). Foundation Models for Weather and Climate Data Understanding: *A Comprehensive Survey*, https://arxiv.org/abs/2312.03014

Cohen, Yair, et al.(2025). "Kilometer-Scale Convection Allowing Model Emulation using Generative Diffusion Modeling". 105th AMS Annual Meeting. AMS.

Introducing Aurora: The first large-scale foundation model of the atmosphere, https://www.microsoft.com/en-us/research/blog/introducing-aurora-the-first-large-scale-foundation-model-of-the-atmosphere/?msockid=35739e94ab6c69d41b738b93aa076831

Kochkov, Dmitrii, et al.(2024). Neural general circulation models for weather and climate. *Nature 632.8027*, pp. 1060-1066.

Lam, Remi, et al.(2023). Learning skillful medium-range global weather forecasting. *Science 382.6677*, pp. 1416-1421.

Nguyen, Tung, et al.(2023). "ClimaX: A foundation model for weather and climate". International Conference on Machine Learning. PMLR.

Pathak, Jaideep, et al.(2022). "Fourcastnet: A global data-driven high-resolution weather model using adaptive fourier neural operators".,
https://arxiv.org/abs/2202.11214

Price, Ilan, et al.(2025). Probabilistic weather forecasting with machine learning. *Nature 637.8044*, pp. 84-90.

07
기후 변화와 인공지능

기후 위기 시대에 기상 분야에서 인공지능이 기후 변화에 대응하기 위해 어떻게 활용될 수 있는지를 설명한다. 미래 지구 기후의 불확실성을 낮추고 기후 변화에 대응하기 위해 인공지능을 활용한 사례를 살펴본다.

AI와 윤동주?

끓는 지구의 시대

미국해양대기청(NOAA)의 2024년 1월 발표에 따르면, 지구 평균 온도는 1850년 이후 10년마다 약 0.06도씩 상승해 왔으며, 현재까지 1도가량 상승한 것으로 나타났다. 특히 1982년 이후 온난화 속도는 3배 이상 빨라져, 현재는 10년마다 약 0.2도씩 상승하고 있다. 지구 평균 기온 상승은 지구 전체 시스템에 축적된 엄청난 에너지 증가를 의미하며, 이는 기후 변화의 가장 중요한 원인 중 하나다.

이러한 현실을 반영하듯 2023년 유엔 사무총장은 뉴욕 유엔 본부에서 열린 기자회견에서 "지구 온난화(global warming) 시대가 끝나고 끓는 지구의 시대가 시작됐다"고 했다. 이는 지구의 기온 상승이 단순한 기온 상승을 넘어, 지구 시스템 전반에 걸쳐 빠르고 강력한 변화를 초래하는 기후 위기라는 현실을 반영한 표현이었다.

이러한 상황에서 기상 및 기후 연구자들은 인공지능 방법론을 적극적으로 도입해 기후 변화 문제를 해결하기 위한 다양한 연구를 진행하고 있으며, 전 세계적으로 관련 연구자 커뮤니티가 형성되고 있다. 기후 문제는 전 세계가 공동으로 해결해야 할 글로벌 과제인 만큼, 국제적인 협력과 공동 대응이 필수다. 'Climate Change

AI'(CCAI)는 대표적인 글로벌 커뮤니티로, 기후 변화 대응에서 인공지능과 머신러닝이 중요한 역할을 할 수 있다는 것에 뜻을 같이하는 학계 및 산업계 연구자들로 구성된 조직이다. 2019년에 설립된 CCAI는 국제 인공지능 및 기후 과학 학회에서 워크숍을 개최해 최신 연구 성과를 공유하고 있다. 튜토리얼과 교육 프로그램을 운영해 연구자 및 실무자들이 기후 변화 대응에 머신러닝을 효과적으로 활용할 수 있도록 지원하고 있다. 또한 연구자와 정책 입안자, 기업 및 비영리 단체 간 협력을 촉진해, 기후 변화 문제 해결을 위한 데이터 기반 접근법을 강화하는 것을 목표로 한다. 이를 통해 인공지능 기술이 기상 및 기후 예측뿐만 아니라 신재생 에너지의 효율 최적화, 탄소 배출 감축, 환경 및 생태계 모니터링 등 다양한 분야에서 효과적으로 활용될 수 있도록 지원하고 있다.

현재 기상 분야에서 인공지능이 활용되는 기후 변화 연구는 주로 두 가지 흐름으로 나뉜다. 첫 번째 흐름은 지구 시스템을 보다 정밀하게 이해하고, 기후 변화 시나리오에 따른 미래 기후를 예측하는 연구다. 이 연구는 기후 모델 정확도를 향상시키고, 온난화가 지속될 경우 지구 환경이 어떻게 변화할지를 분석하는 데 초점을 맞춘다. 이를 통해 장기적인 기후 변화를 예측하고, 정책 결정 및 기후 대응 전략 수립에 활용될 수 있다. 두 번째 흐름은 지구 온난화로 인해 발생하는 자연재해를 신속하게 탐지하고 대응하는 데 인공지능을 적용하는 연구다. 이 분야에서는 기상 이변으로 인한 홍수, 폭염, 산불 등의 재난을 조기에 감지하고, 피해 복구를 효율적으로 지원하는 AI 기반 시스템이 개발되고 있다. 이러한 기술은 기후 변화에 대한 대응력을 높이는 것을 목표로 하며, 실시간 데이터 분석을 통해 재난 예방과 대응을 더욱 정교하게 만들고 있다.

인공지능으로 지구 시스템 이해하기

기후 변화와 관련해 기상 및 기후 모델링에서 구름은 가장 큰 불확실성 요인 중 하나로 꼽힌다. 이는 1990년부터 기후 변화에 관한 정부 간 협의체(IPCC)에서 지속적으로 논의되어 온 중요한 주제이기도 하다.

구름은 지구 표면의 약 60%를 덮으며, 태양 복사 에너지를 반사하거나 지구 복사 에너지를 흡수함으로써 지구 온도 조절에 핵심적인 영향을 미친다. 그러나 구름을 구성하는 물방울과 얼음 입자의 응결 및 결빙 과정은 매우 복잡하며, 이에 대한 정확한 물리적 이해를 바탕으로 수치적 모델링을 하는 데는 한계가 있어 기후 모델의 불확실성을 증가시키는 주요 요인이 되고 있다.

보통 물방울의 크기는 머리카락 한 가닥 굵기보다 훨씬 작은 10-20μm 정도다. 대기 중 수증기가 이러한 작은 물방울로 변하려면, 먼저 응결할 수 있는 적절한 조건이 형성되어야 한다. 수증기를 포함한 공기가 대류권 계면까지 상승하면, 냉각되면서 포화수증기압이 낮아지고 과포화 상태에 도달해 수증기가 응결할 가능성이 커진다. 하지만 순수한 수증기만으로는 쉽게 물방울이 형성되지 않는데, 곡률 효과 때문이다. 곡률 효과란 물방울의 크기가 작을수록 표면 장력이 크게 작용해 내부 수분 분자들이 쉽게 증발하는 현상을 의미한다. 즉 곡률이 높은 작은 물방울일수록 증발이 더 쉽게 일어나기 때문에, 순수한 수증기만으로는 안정적인 물방울을 형성하기 어렵다. 따라서 구름이 형성되기 위해서는 매우 높은 과포화 상태가 필요하다.

이러한 이유로 실제 구름에서는 순수한 수증기만으로는 물방울이 쉽게 형성되지 않는다. 대신 수증기가 응결해 물방울로 성장할 수 있도록 돕는 응결핵(Condensation Nuclei)이 중요한 역할을 한다. 응결핵이 존재하면 물방울이 일정 크기 이상 성장할 확률이 높아지고, 곡률 효과를 줄여 물방울 형성을 더욱 촉진할 수 있다.

또한 수증기가 물방울로 변하는 과정에서 계의 안정성이 증가하며 엔트로피(Entropy)가 감소한다. 하지만 이 과정에서 깁스 자유 에너지(Gibbs Free Energy)는 증가하는 경향을 보이는데, 이는 시스템의 자발적인 변화 가능성을 낮추는 요인이다. 일반적으로 엔트로피와 깁스 자유 에너지는 온도와 엔탈피(Enthalpy) 변화에 영향을 받을 수 있으며, 만약 온도와 엔탈피가 일정하다고 가정하면 엔트로피 감소로 인해 깁스 자유 에너지가 증가하면서 수증기가 자연적으로 액체로 변하기 어려운 상태가 된다. 또한 물방울이 형성되는 과정에서 표면 장력은 깁스 자유 에너지에 중요한 영향을 미친다. 따라서 응결핵이 존재하면 표면 장력을 낮출 수 있어 곡률 효과를 완화하고 깁스 자유 에너지를 감소시켜 물방울이 자발적으로 보다 안정적으로 성장할 수 있도록 돕는다.

이처럼 물방울의 응결 과정은 매우 미세한 규모에서 다양한 요소가 복합적으로 작용하는 현상으로, 이를 정확히 이해하기 위해서는 정밀한 물리적 접근이 필요하다. 또한, 이 과정은 대기 상태 변화에 민감하게 반응하며, 시시각각 변하는 환경 조건에 따라 쉽게 달라질 수 있다. 따라서 이러한 미시적인 물리 과정을 직접 수식으로 풀어내려면 매우 높은 해상도의 시뮬레이션이 필요하며, 이를 구현하기 위해서는 막대한 계산 비용과 극도로 정밀한 대기 데이터가 요구된다. 그러나 현재 기술로는 이 모든 요소를 물리적으로 완벽하게 구현하는 것이 거의 불가능하다.

이러한 이유로 기상 및 기후 모델에서는 구름의 물리적 특성을 직접 계산하는 대신 매개 변수화해 모델의 기본 계산 단위인 격자 하나에 대해 대푯값으로 표현한다. 그러나 구름과 같은 미세한 대기 현상을 하나의 격자 단위로 단순화하는 과정에서 실제와 차이가 발생할 수 있다. 일반적으로 기상 모델은 해상도가 수 킬로미터 수준이지만, 기후 모델은 해상도가 수십 킬로미터 이상으로 설정되기 때문에, 이보다 작은 규모의 구름은 개별 격자에서 정확히 포착되기 어렵다.

최근 기상 및 기후 모델의 한계를 극복하기 위해 인공지능 기법을 활용한 연구가 점점 더 주목받고 있다. 특히, 구름이 태양 복사와 지구 복사 에너지 흐름에 미치는 영향을 보다 정밀하게 이해하기 위해 인공지능을 활용한 복사 전달 모델 개선 연구가 활발히 이루어지고 있으며, 구름 입자의 생성, 성장, 소멸 과정이 기상과 기후에 미치는 영향을 정교하게 모델링하기 위한 인공지능 기반 미세 물리 과정 개선 연구도 진행되고 있다. 인공지능은 이러한 두 가지 주요 물리 과정의 시공간 해상도를 향상시키고, 높은 계산 비용이 요구되는 복잡한 물리적 연산을 가속화하는 데 중요한 역할을 하고 있다.

구름의 불확실성을 낮추기 위한 연구와 더불어, 인공지능은 기후 변화 시나리오에 따라 향후 지구 환경을 예측하는 데도 적극 활용되고 있다. 기후 변화 시나리오란, 미래 온실가스 배출량에 따른 여러 가정된 경로를 의미하며, 이는 기후 변화에 대한 적응 및 완화 전략 수립을 위해 필수적인 분석 틀이다. 그러나 온실가스와 에어로졸 배출 시나리오가 지역 기후에 미치는 영향은 매우 다양하기 때문에, 단순히 전 지구 평균 기온 변화를 지표로 삼는 것만으로는 지역별 기후 변화를 충분히 설명하기 어렵다. 이런 지역적 차이를 세밀하게 분석하기 위해 최근에는 인공지능 기법이 효과적인 도구로 활용되고 있다.

연구 결과에 따르면, 인공지능 모델은 기존 방법론보다 높은 예측력을 발휘해 더욱 정밀한 결과를 산출할 수 있으며, 단기 기후 반응과 장기 기후 변화를 연결하는 패턴을 학습함으로써 공간적 변동성을 효과적으로 반영할 수 있다는 장점이 확인되었다. 또한, 주요 배출 지역 등 특정 지점에서 장기적 온난화의 초기 신호를 감지하는 데도 인공지능 기법이 유용하게 적용될 수 있어, 이는 기후 예측 신뢰도를 높이는 데 기여한다는 결론을 얻었다.

하지만 인공지능 기법을 도입한다 하더라도 직접 관측하기 어려운 기상 변수가 많기 때문에 수치 모델에서 사용하는 물리 과정에 대한 근사는 여전히 필요하다. 또한 장기적인 변동성을 반영해 변화하는 기후를 예측하려면 장기간의 데이터가 필요하다. 그러나 기존 데이터만으로 학습된 모델은 과거에 나타나지 않았던 새로운 패턴을 예측하는 데 한계를 가질 수 있다. 따라서 앞으로 이러한 한계를 극복하고 구름이 기상과 기후에 미치는 영향을 더 정확히 이해하고 그 불확실성을 줄이기 위해서는, 구름과 기후 간 복잡한 상호 작용을 물리적으로 일관성 있게 반영할 수 있는 인공지능 모델이 개발되어야 하고 동시에 장기적인 기후 변동성을 충분히 포착할 수 있는 대규모·장기 관측 데이터셋을 확보하는 것이 중요하다.

인공지능을 활용한 기후 재난 예측과 피해 경감

기후 변화로 인해 지구 곳곳에서 홍수, 산불, 가뭄 등 자연재해가 더 흔해지고 강력해지고 있으며, 이는 막대한 인명 피해와 경제적 손실을 발생시키고 있어 전 세계적으로 재난에 대응하기 위한 노력이 그 어느 때보다 중요해지고 있다. 이에 대응하기 위해서는 신속한 대응과 정확한 예측이 필수다. 인공지능 기술이 이를 지원하는 중요한 도구로 검토되고 있다.

구글은 인공지능 기반 홍수 예측 프로젝트를 통해 데이터가 부족하고 취약한 지역을 포함한 80개국 이상에서 최대 일주일 전에 정확하게 홍수를 예측하는 것을 목표로 홍수 허브(Flood Hub) 플랫폼을 서비스하고 있다. 구글은 이 플랫폼을 활용해 취약 계층에 실시간 홍수 예보를 무료로 제공하고자 한다.

나사는 산불 디지털 트윈(Wildfire Digital Twin) 프로젝트를 통해 소방관과 산불 관리자가 산불을 모니터링하고 대기 오염을 예측할 수 있는 인공지능 모델을 개발하고 있다. 이 프로젝트의 리더인 매릴랜드 대학의 밀턴 할렘 교수는 산불 현장에서 위험을 감수하며 화재 진압을 하는 소방관들에게 유용하고 실시간 활용이 가능한 정보를 제공하고자 이 프로젝트를 시작했다고 한다. 산불 현장에서는 대형 슈퍼컴퓨터에 접근할 수 없지만, API를 사용해서 노트북이나 태블릿에서 이 디지털 트윈을 실행할 수 있도록 해 즉각적인 의사 결정을 지원하고자 한다.

'ClimateAi'는 가뭄에 따른 농작물 피해의 심각성을 인지하고 2주 이상의 날씨 예보를 개선해 농부들에게 현실적으로 도움이 되는 생물 물리학 기반의 인공지능 모델을 활용해 농부들에게 지역화된 기상 정보를 제공하는 시스템을 개발했다. 이 시스템은 특정 작물의 파종 및 수확 시기를 최적화해 농업 생산성을 높이는 데 도움을 주는 것을 목표로 했다. 인도 마하라슈트라(Maharashtra) 주의 농부들을 대상으로 기후 시뮬레이션을 한 결과 향후 20년 동안 극심한 더위와 가뭄으로 인해 토마토 생산량이 약 30% 이상 감소할 것으로 예측되었다. 이러한 결과를 바탕으로 'ClimateAi'는 토마토 종자 회사와 협력해 가뭄에 강한 품종을 개발하는 실험도 진행했다. 이러한 사례는 기후 변화에 따른 식량 생산 변화를 예측해 피해를 줄이고, 농업이 보다 탄력적으로 기후 변화에 대응할 수 있도록 지원하는 데 인공지능이 중요한 도구가 될 수 있음을 보여 준다.

위 사례들은 인공지능이 기후 변화로 인한 재난을 예측하고 피해를 줄이는 데 핵심 역할을 할 수 있음을 보여 준다. 인공지능은 자연재해와 조기 경보 시스템을 강화할 수 있으며, 미래를 예측해 피해를 줄일 수 있도록 대응 방안을 마련하는 데 그 근거를 제시해 보다 효과적인 대응 전략을 가능하게 한다. 앞으로 인공지능 기술이 더욱 발전하고 이를 활용한 기후 변화 대응 시스템이 확대 된다면 인공지능은 더욱 지속 가능한 미래를 위한 중요한 도구로 자리 잡으리라 기대한다.

참고문헌

AI and the future of agriculture,
https://www.ibm.com/think/topics/ai-in-agriculture

Beucler, Tom, et al.(2023). Machine learning for clouds and climate. *Clouds and their climatic impacts: Radiation, circulation, and precipitation* , pp. 325-345.

Climate Change: Global Temperature,
https://dev-04-drupal-climate.woc.noaa.gov/news-features/understanding-climate/climate-change-global-temperature

Houghton, John(1990). Scientific assessment of climate change: the policymakers' summary of the report of working group 1 to Intergovernmental Panel on Climate Change.

How we are using AI for reliable flood forecasting at a global scale,
https://blog.google/technology/ai/google-ai-global-flood-forecasting/

Mansfield, Laura A., et al.(2020). Predicting global patterns of long-term climate change from short-term simulations using machine learning. *Climate and Atmospheric Science* 3(4), p. 44.

NASA "Wildfire Digital Twin" Pioneers New AI Models and Streaming Data Techniques for Forecasting Fire and Smoke, https://science.nasa.gov/science-research/science-enabling-technology/nasa-wildfire-digital-twin-pioneers-new-ai-models-and-streaming-data-techniques-for-forecasting-fire-and-smoke/

Pachauri, Rajendra K. & Andy Reisinger.(2007). "IPCC fourth assessment report". IPCC, Geneva 2007.673, 044023.

08
가상 데이터와 기상

기상 분야에서는 전통적으로 수치 시뮬레이션을 활용해 대기 상태를 모의 생성하고 예측해 왔다. 최근에는 생성형 인공지능을 활용해 가상의 기상 데이터를 생성하는 방안이 연구되고 있다. 생성형 인공지능이 기상 분야에서 적용될 수 있는 가능성을 탐색하고 인공지능이 생성하는 데이터가 물리적으로 타당성을 갖추기 위해 고려해야 할 점을 살펴본다.

AI와 한의학?

인공지능이 학습하는 인공지능의 데이터

최근 몇 년 동안 인공지능 분야에서 가장 급격한 발전을 보인 영역은 단연 생성형 인공지능이라 할 수 있다. GPTs, Gemini, LLaMA, DeepSeek 등 강력한 언어 모델을 활용한 텍스트 생성부터 DALLE, Stable Diffusion, Midjourney, Sora 등 실제와 같은 이미지 생성까지 다양한 분야에서 생성형 인공지능의 활약을 확인할 수 있다.

이처럼 생성형 인공지능(Generative AI)을 활용하면 텍스트, 이미지, 음성, 비디오, 3D 모델 등 다양한 형태의 데이터를 자동으로 생성할 수 있다. 이를 통해 예술 창작, 마케팅, 디자인, 프로그래밍, 문서 작업 등 다양한 분야에서 인공지능의 활용도가 크게 확대되었으며, 산업 전반에서 그 영향력이 점점 커지고 있다.

종종 '인공지능이 방대한 데이터를 암기해 그대로 재생산한다'는 인식이 있지만, 실제로 생성형 인공지능 모델은 각각의 학습 데이터에서 공통적으로 나타나는 통계적 패턴과 구조를 학습한 후, 이를 바탕으로 새로운 입력에 대해 가장 유사한 패턴을 생성하도록 훈련된다. 따라서 결과물은 단순히 학습 데이터를 암기해 그대로 복제하는 것이 아니라 학습된 데이터의 분포를 반영해 새롭게 생성된 데이터에 가깝다.

이처럼 가상 데이터를 만들어 내는 기술이 점차 고도화됨에 따라 실제 데이터를 대체하거나 보완하기 위한 목적으로 가상 데이터(합성 데이터)에 대한 관심이 높아지고 있다. 이는 개인 정보 보호, 데이터 수집과 라벨링 비용, 특정 상황(극단적 상황 등)에서의 데이터 부족 등으로 인해 실제 데이터를 확보하기 어려운 환경에서 더욱 주목받는다. 품질 좋은 가상 데이터를 충분히 생산할 수 있다면 실제 데이터를 대규모로 확보하기 어려운 상황에서도 일정 수준 이상 학습 데이터를 확보할 수 있기 때문이다.

기상 분야에서는 이 같은 데이터 확보의 어려움이 특히 두드러진다. 모든 지역과 다양한 기상 규모를 망라하는 관측망을 구축하기는 현실적으로 어렵고, 분석하고자 하는 기상 현상이 드물게 일어나 데이터 자체가 부족할 때도 많다. 또한 극한 기상은 재난을 동반하기 때문에 관측 장비가 손상되거나 정상적으로 작동하지 않아 데이터 확보가 더욱 어려울 수 있다. 특히 우리가 관심을 갖는 기상 현상은 극한 기상 현상인 경우가 많고, 이러한 극한 현상은 몇십 년에 한 번 발생하는 경우도 있어 학습이나 통계 분석에 필요한 표본 수를 확보하기가 쉽지 않다. 이를 해결하기 위해 기상학에서는 수치 예보 모델을 활용해 다양한 실험 조건을 설정하고 시뮬레이션을 통해 데이터를 생성 · 분석해 왔다.

수치 예보 모델은 전 지구 어느 지역이나 상관없이 데이터를 생산할 수 있기 때문에 접근이 어렵거나 관측 장비를 설치하기 어려운 지역에 대해서도 데이터를 생성할 수 있다는 장점이 있다. 또한 극한 기상 현상이라 해도 원하는 조건을 설정해 반복적으로 시뮬레이션을 수행할 수 있어 실제로 관측하기 어려운 재난 상황 등을 가정해 데이터를 생산할 수 있다. 의도적으로 기상 인자를 조정해 물리적으로 의미 있는 반응에 대해 체계적으로 파악할 수 있다는 점도 수치 예보 모델을 활용하는 장점 중 하나다.

그러나 물리 모델 결과로부터 만들어진 가상 데이터는, 해당 모델이 가진 편향이 그대로 반영될 위험이 있다. 물리 모델은 대기 상태를 근사해 재현하기 때문에 모델 구축 과정에서 단순화된 정보들이 있고, 이 과정에서 오차가 누적될 수 있다. 따라서 실제 대기의 복잡성을 완전히 담아내지 못하고, 극한 상황일수록 기존 관측 사례가 적고 그 발생 메커니즘에 대한 이해가 낮아 예측 정확도가 더욱 떨어질 가능성이 높다. 더 나아가 물리 모델이 생성해 낸 가상 데이터의 품질을 객관적으로 평가할 표준 지표나 기준을 마련하기가 쉽지 않다는 문제가 있다. 보통은 이미 확보된 관측 자료나 재분석 자료와 비교해 모델의 성능을 검증하지만 극한 기상의 경우 앞서 말한 것과 같이 관측 데이터가 부족하고, 재분석 자료는 해상도가 낮아 검증에 적절하지 않은 상황이 발생할 수 있다.

이렇게 편향이 존재하고, 현실적인 복잡성이 고려되지 않은 물리 모델 결과를 인공지능 학습에 활용하게 되면 인공지능 모델이 단순화된 물리 과정과 불완전한 특성을 학습하게 된다. 따라서 실제 환경에서의 예측 성능이 저하될 수 있으며, 같은 물리 모델에서 생성된 가상의 기상 데이터를 반복적으로 인공지능 훈련에 활용할 경우 유사한 분포의 특성만 반복해서 학습되어 현실적이지 않은 특성으로 강화될 수 있다는 문제가 있다.

최근 대규모 언어 모델에서도 이와 유사한 문제가 나타났다. 물론 이 경우는 물리 모델에서 생성된 가상 데이터가 아니라 인공지능이 생성한 데이터를 다시 학습에 활용한 것이지만, 본질적으로 같은 문제를 초래했다. 연구에 따르면 기존에 학습된 데이터와 유사한 데이터를 반복적으로 사용하면, 학습 과정에서 특정 패턴이 과도하게 강화되어 실제 세계의 분포와 차이가 발생할 수 있어 모델 성능 저하로 이어질 수 있다는 것이 밝혀졌다.

이러한 문제는 기상 분야에서도 마찬가지로 적용될 수 있다. 만약 가상 데이터만으로 학습 데이터셋이 구성될 경우, 해당 모델이 극한 기상 현상과 같은 예외적인 사건을 충분히 반영하지 못할 위험이 존재한다. 특히 이러한 현상은 물리 모델로 재현하기 어려운 경우가 많아 가상 데이터만을 활용한 학습이 오히려 예측 한계를 초래할 수 있다.

이러한 제한점에도 불구하고 가상 데이터를 활용해 인공지능 모델 성능을 높이려는 시도가 꾸준히 이어지고 있다. 가상 데이터를 활용하면서도 성능 좋은 모델을 구축하기 위해서는 가상 데이터 품질 관리가 필요하며, 실제 관측 데이터와 생성된 데이터를 지속적으로 비교 평가해 일정 수준 이상의 정확도를 확보하는 방법이 있다. 이를 위해 실제 데이터와 합성 데이터 간 균형을 맞춰 사용하는 전략도 고려된다. 이와 더불어 현실 세계에서 새로운 관측 데이터를 계속 확보해 나가는 노력이 필요하며 도메인 전문가와의 협업을 통해 합성된 기상 데이터를 단순히 정량적 지표로만 평가하지 않고 해당 현상의 물리적 의미와 적합성을 검증하는 과정을 반드시 거쳐야 한다.

이러한 보완책이 마련된다면 기상뿐만 아니라 다양한

분야에서도 가상 데이터가 갖는 잠재력은 충분히 발휘될 수 있을 것이다. 현실을 완벽하게 반영하는 가상 데이터가 아니라면, 가상 데이터가 현실 데이터를 완전히 대체하지는 못하겠지만, 현실의 부족한 실제 데이터를 보완하고 학습 범위를 확장하는 역할을 하며, 나아가 모델의 예측 정확도와 안정성을 높이는 핵심 자원이 될 가능성이 크다.

기상 기후 가상 데이터의 활용과 한계

가상 데이터의 활용을 높기기 위해 기상 분야에서는 좋은 품질의 가상 데이터를 생산하기 위한 연구가 계속되고 있다.

2008년 독일항공우주센터에서는 독일기상청과 함께 강한 대류의 이동과 발달을 추적하기 위해 가상 위성 데이터를 사용해 예보의 정확성을 평가하는 데 사용한 사례가 있다. 이 연구에서는 독일기상청에서 활용하는 물리 기반 수치 모델인 COSMO(Consortium for Small-scale Modeling)-DE 모델을 이용해 뇌우 시뮬레이션을 수행하고, 그 결과로부터 대기 상태에 대한 정보를 얻고, 복사 전달 모델을 사용해 수증기 채널과 적외선 채널에서 관측된 것과 같은 가상의 위성 관측 데이터를 생성했다. 하지만 이 연구에서 사용된 복사 전달 모델로는 가시 채널의 관측 데이터를 생성할 수 없다는 한계가 있어 실제와 동일한 구성의 관측 데이터를 활용해 분석하기 어렵다는 것을 확인했다.

극한 기상 현상의 경우 발생한 때의 상황을 시뮬레이션해 볼 수 있는 기회를 제공하는 것은 물리 모델뿐이다. 관측은 이미 지나가 버리면 관측 기록이 존재하지 않는 한 다시 그 현상을 분석하기가 어렵다. 하지만 물리 모델을 반복적인 시뮬레이션을 통해 대기의 상태에 따라 태풍이 특정 경로로 이동할 확률이 얼마나 되는지, 특정 온도 조건에서 태풍이 어떻게 강해지는 등을 가상 데이터로 만들어 볼 수 있다. 이렇게 생성된 가상 데이터를 바탕으로 재난 대응 시뮬레이션이나 안정성 평가 등을 수행해 재난의 피해를 줄이기 위한 시도를 할 수 있다.

또한 인공지능 기반 생성 기법이 발전함에 따라 물리 모델 시뮬레이션 외에도 딥러닝 기반의 가상 데이터 생성이 기상, 기후 분야에서 점차 활발해지고 있다. 최근 생성 모델로 좋은 성능을 보이고 있는 확산 모델(Diffusion Model)은 2020년 소개된 이후 GAN이 가진 불안정한 학습 문제나 모드 붕괴(mode collapse) 등 한계를 개선했다는 평가와 함께 생성형 모델의 주요 기술로 주목받고 있다. 이 기법은 이미지나 음성과 같은 비정형 데이터 생성에 주로 적용되었으나 기상 분야에도 활용되어, 대기 변수와 위성 관측 이미지 데이터를 생성하기 위해 이 기법을 적용하는 가능성이 연구되고 있다.

인공지능 분야 저명한 국제 학술 대회에서도 확산 모델을 활용한 연구가 소개되며 중국 상하이 교통대학에서는 기존의 극한 강수 예측을 최대 90%이상 개선했다는 내용의 연구를 발표했고, 미국 샌디에이고 대학에서는 미국의 전 지구 예보 모델의 저해상도 버전을 그대로 모사하는 데 확산 모델을 활용해, 기후 모델 분야에서 최상의 성능을 보이며 표준이 되는 기준에 가까운 성능을 보였다고 했다.

이와 같이 생성 모델의 활용 가능성이 점점 확대됨에 따라 해당 모델이 생성하는 데이터가 얼마나 물리적으로 의미 있는지에 대한 논의는 과학 및 공학 분야에서 필수적인 질문으로 자리 잡고 있다. 따라서 인공지능을 활용해 기상 데이터를 생성할 때 단순한 데이터 유사성을 넘어 물리적 일관성을 확보하는 것이 핵심 과제다. 이를 위해 앞서 설명한 것과 같이 생성 모델이 물리적 법칙을 학습 과정에 포함하도록 설계하거나 물리적 관계를 만족하는 데이터를 학습에 활용하는 방법이 활용 될 수 있을 것이다. 또한 생성된 데이터의 신뢰성을 평가하는 과정에서도 단순히 기존 데이터와의 통계적 유사성을 분석하는 것을 넘어 물리적 타당성을 검증하는 절차를 추가할 수 있다. 이러한 과정을 통해 생성 모델을 활용한 데이터 생성은 단순한 패턴 학습을 넘어 물리적으로 정합성을 갖춘 신뢰성 높은 데이터 생성을 가능하게 할 것이다.

참고문헌

Cachay, Salva Ruhling, et al. "Probablistic Emulation of a Global Climate Model with Spherical DYffusion". The Thirty-eighth Annual Conference on Neural Information Processing Systems.

Forster, Caroline, et al.(2008). "Validation of severe weather forecasts based on synthetic satellite data as part of an integrated thunderstorm forecast system".

Gong, Junchao, et al.(2024) "CasCast: Skillful High-resolution Precipitation Nowcasting via Cascaded Modelling". Forty-first International Conference on Machine Learning.

Kashinath, Karthik, et al.(2021). "Physics-informed machine learning: case studies for weather and climate modelling". *Philosophical Transactions of the Royal Society A 379-2194*, 20200093.

Shumailov, Ilia, et al.(2023). The curse of recursion: Training on generated data makes models forget, https://arxiv.org/abs/2305.17493

09
미래의 스마트 기상 서비스

사물인터넷(IoT) 기술은 실시간으로 더 상세한 해상도의 기상 관측을 가능하게 할 것이다. 인공지능은 이러한 데이터를 활용해 개인 맞춤형 서비스를 제공할 수 있을 것이라 기대된다. 하지만 보다 정확하고 상세한 기상 정보를 제공하기 위해서는 개인 정보 데이터와의 통합이 필수다. 이에 따라 개인 정보 보호와 데이터 보안 강화를 위한 체계적인 관리 전략과 보안 정책 수립이 요구된다.

AI와 화장품?

디지털 기록이 일상이 된 시대

IoT 센서는 우리 일상 곳곳에서 정보를 측정하고, 인터넷을 통해 그 정보를 실시간으로 공유한다. 우리 생활에서 사용하는 다양한 기기가 IoT 센서 역할을 하며, 인터넷을 통해 개인의 활동과 환경 변화 등의 세밀한 정보가 공유되고 기록된다. 이렇게 디지털화된 방대한 데이터는 클라우드에 축적되어 빅데이터가 되고, 이는 인공지능이 학습할 중요한 자원이 된다. 사물인터넷, 빅데이터, 클라우드, 인공지능 등 첨단 IT 기술은 고도화된 스마트 맞춤형 서비스를 가능하게 한다.

기상 서비스에서도 IoT 센서를 활용해 온도, 습도, 풍향, 풍속, 기압 등을 실시간으로 관측하고, 이를 인터넷을 통해 공유한 후 클라우드 저장소에 보관한다. 이렇게 축적된 데이터는 전 세계 어디서나 접근할 수 있는 빅데이터가 되며, 각 지점의 상세한 관측 자료는 다른 기상 관측 데이터와 통합된다. 또한, 전 지구적 규모의 자료와 함께 분석되어 기상 현상을 보다 정밀하게 이해하는 데 활용될 수 있다.

최근 전 세계적으로 기후 변화와 이상 기후 현상이 급증하면서, 국지적인 지역에서 발생하는 위험 기상에 대한 예측 정보를 생산하고 그 현상에 대한 이해를 높이는 것이 더욱 중요해졌으며, 상황별로 특화된 세밀한 기상 정보의 필요성이 인식되고 있다. 단순히 "내일 비가 온다"거나 "오늘 기온이 어제보다 높다"는 정보보다, "오늘 오후 3시, 서울 종로 지역에 국지성 호우가 쏟아질 가능성이 80%이며, 그에 따른 청계천 침수 위험도는 60%다" 같은 구체적인 정보가 더욱 요구된다.

IoT와 결합된 스마트 기상 서비스는 이러한 상세한 정보를 제공해 필요를 충족할 것으로 기대되며, 각 지점의 날씨 예측 정보를 검증하고 최적화하는 데도 중요한 역할을 할 것이다. 특히 고밀도 IoT 센서 네트워크는 기존의 기상 관측 네트워크를 보완해 더욱 촘촘한 정보를 제공할 수 있으며, 기상과 밀접한 연관이 있는 농업, 관광, 물류·운송, 건설 등의 분야에 혁신을 가져올 것으로 기대된다.

농업 분야에서는 IoT 센서를 활용하면 농장의 토양 수분 상태, 작물 잎의 건강, 기상 조건 등을 종합적으로 분석해 최적의 재배 환경을 조성할 수 있다. 이를 통해 비료와 물을 언제 공급해야 하는지 농부에게 실시간 가이드를 제공할 수 있으며, 날씨 데이터를 기반으로 병충해 발생 가능성을 예측해 사전 방제 조치를 할 수도 있을 것이다.

관광 분야에서는 관광지의 실시간 날씨, 공기 질, 기온 변화를 모니터링해 여행객들에게 최적의 관광 정보를 제공할 수 있다. 이를 통해 날씨에 따라 실내 또는 실외 관광지를 추천하거나 특정 기후 조건에서만 가능한 액티비티 일정을 조정하는 것이 가능하다. 또한 해변이나 등산로 등에서 강풍이나 폭우 같은 위험 기상 요소가 감지될 경우 관광객에게 즉시 경고를 보내 안전한 여행을 유도할 수 있다.

물류 · 운송 분야에서는 물류 · 운송 과정에서 날씨 변화에 따른 위험 요소를 실시간으로 감지하고 대응할 수 있다. 도로 결빙, 폭우, 강풍 등 기상 악화가 예상될 경우 최적의 경로를 자동으로 재설정해 지연을 최소화할 수 있으며, 항공 · 해상 물류의 경우도 안전한 운항을 위한 기상 데이터를 기반으로 스케줄을 조정할 수 있다. 또한 냉장 · 냉동 물류 차량 내부의 온도와 습도를 실시간으로 모니터링해 온도 민감 화물을 최적의 상태로 운송할 수 있다.

건설 분야에서는 건설 현장의 날씨 변화에 따른 위험 요소를 실시간으로 감지하고 대응할 수 있다. 강풍이 불면 타워 크레인 이용이나 고층 작업을 자동으로 중지하고, 폭염이나 한파가 감지되면 근로자들의 작업 환경을 조정해 건강을 보호할 수 있다. 또한 강우량 데이터를 기반으로 콘크리트 타설 일정을 조정하거나 미세 먼지와 대기질을 모니터링해 기준치를 초과하면 방진 시스템을 자동으로 가동할 수도 있다.

이러한 서비스는 기상 관측 기술이 발전한 나라에서는 산업 생산성을 높이고 자원을 효율적으로 배분하는 데 기여할 뿐만 아니라, 재해 예방과 안전 관리에도 중요한 역할을 할 것이다. 특히 정밀한 기상 데이터가 필요한 농업, 물류, 관광, 건설 등의 분야에서 IoT 센서를 활용하면 기존의 기상 관측 시스템과 연계해 더욱 정교한 실시간 대응이 가능해질 것이다.

반면 기상 관측 인프라가 부족한 지역에서는 IoT 센서가 더욱 필수적인 솔루션이 될 수 있다. 오지나 산간 지역처럼 기존의 기상 관측 인프라 설치가 어려워 관측 공백이 발생하는 곳에서는 소형화된 IoT 센서를 활용해 저비용으로 기상 정보를 자동 수집하고 분석할 수 있다. 이를 통해 기존의 기상 인프라를 보완하고 보다 정확하고 신속한 날씨 정보를 제공함으로써 재해 대응 능력을 강화하고 기상 예측 사각지대를 줄이며, 지역 주민과 관련 기관이 날씨 변화에 효과적으로 대비할 수 있도록 지원하는 등 긍정적인 영향을 미칠 것이다. 이러한 점에서

IoT 센서의 활용은 기상 서비스의 발전에도 중요한 역할을 하게 될 것이다.

디지털 기록이 일상이 된 시대에 IoT 센서의 활용이 확대되고 있고, 기상 데이터 역시 더욱 촘촘하게 수집·분석되며 우리의 생활과 산업 전반에 걸쳐 실질적인 변화를 가져오고 있다. IoT 기술이 더해져 기상 정보가 더욱 정밀해지고 접근성이 높아진다면 날씨를 예측하고 재난에 대응하는 방식도 점점 더 스마트하게 발전해 나갈 것이다.

IoT 센서를 활용한 재난 관리 및 기후 변화 대응

기후 변화로 인한 자연재해가 증가하면서 IoT 센서를 활용한 기상 데이터 수집과 재난 대응 시스템 구축이 세계 각국에서 활발히 이루어지고 있다. 특히 기상 관측 인프라가 부족한 지역에서는 IoT 기술을 활용한 기상 모니터링과 조기 경보 시스템이 매우 중요한 역할을 할 수 있다.

브라질에서는 2010년 4월, 리우데자네이루에서 발생한 대규모 산사태로 200명 이상 사망하는 참사가 발생했다. 이에 대응하기 위해 브라질 정부는 IBM과 협력해 '스마터 시티즈 이니셔티브'라는 프로젝트를 추진했다.

첫 번째 프로젝트에서는 첨단 운영 센터(Advanced Operations Center)를 개소해 도시의 조기 경보 시스템을 개선하고 위험을 줄이기 위한 시스템을 구축했다. 이와 함께 기상 레이더 및 117개의 강우계를 설치하고, 166개의 사이렌과 SMS 경보 서비스를 개발해 재난 발생 시 신속한 대응이 가능하도록 했다.

또한 유엔개발계획(UNDP)과 메테오 르완다(Meteo Rwanda)는 기후 변화 대응을 위한 시범 프로젝트를 추진하며 IoT 기술을 활용한 환경 데이터 수집 및 분석을 시도하고 있다. 이 프로젝트는 가뭄과 물 부족 문제가 지속적으로 발생하는 르완다 동부 카용자(Kayonza) 지역을 대상으로 진행되었다. IoT 센서를 활용해 토양 수분, 기온, 습도 등의 기상 데이터를 실시간으로 수집하고, 이를 분석 및 배포할 수 있는 시스템을 구축하는 것이 목표였다. 특히, 취약 계층을 포함한 주요 사용자들이 실질적으로 도움을 받을 수 있도록 실용적인 솔루션을 제공하는 데 중점을 두었다.

이처럼 기후 위기로 인해 전 세계적으로 재난 위험이 증가하는 상황에서, 기후 위기에 취약한 저개발 국가들은 기상 전문 인력과 기상 관측 시스템이 부족해 재난 조기 경보 체계를 구축하는 데 어려움을 겪고 있다. 이러한 한계를 극복하기 위해 인공지능 기술이 중요한 역할을 할 수 있다. 인공지능은 기상 인력이 수행하던 데이터 분석, 기후 패턴 감지, 예측 결과 생산 등의 반복 작업을 자동화해 신속하고 정밀한 기상 예측을 가능하게 한다. 예전에는 여러 명의 기상 전문가들이 함께 협력해서 수행하던 관측, 예측, 분석을 이제는 인공지능이 관측, 분석, 예측한 결과를 바탕으로 기상 전문가들이 전략적인 판단을 내리는 시대가 되었다.

인공지능의 감각 기관 같은 역할을 할 IoT 센서를 통해 수집된 데이터를 인공지능 기반 솔루션과 결합하면 보다 신속하고 정확한 분석과 예측이 이루어질 수 있다. 인공지능은 자동으로 센서 자체의 이상 상태나 기상 현상의 이상 징후를 실시간으로 감지할 수 있고, 수집된 데이터를 실시간으로 분석해 기상 패턴을 파악하고 미래를 예측하는 것까지 자동화할 수 있다. 이를 통해 별도의 전문 인력이 지속적으로 데이터를 검증하지 않아도 안정적인 정보를 제공할 수 있으며, 기상 변화가 갑작스럽게 발생하는 경우에도 자동으로 즉각적인 대응 체계를 가동할 수 있다.

하지만 인공지능은 어디까지나 데이터를 분석하고 예측하는 도구이며, IoT 센서는 기상 데이터를 수집하는 역할을 할 뿐이다. IoT 센서가 수집한 데이터를 인공지능이 분석해 도출한 결과의 신뢰성과 정확성을 판단하기 위해서는 기상 전문가의 검증이 필수다. 따라서 전문가들은 IoT 센서와 AI가 생성하는 데이터를 분석하고 보완하며 최종적인 해석과 의사 결정을 담당해야 한다. IoT와 인공지능 기술은 기상 인프라를 보완하고 재난 대응 역량을 강화하는 중요한 도구가 될 것이며, 이를 효과적으로 활용하기 위해서는 기술과 전문 지식이 긴밀히 결합된 협력 모델이 반드시 필요하다.

개인 맞춤형 기상 서비스 시대

미래에는 IoT 센서 등으로부터 수집된 고해상도 기상 관측 데이터를 인공지능이 분석해 개개인에게 맞춤형 서비스를 제공하는 시대가 열릴 전망이다. 개인 맞춤형 기상 정보이기 때문에 알레르기 비염이 있는 사용자는 실시간으로 초미세 먼지와 꽃가루 농도를 분석한 알림을 받을 수 있고, 평소 천식이 심한 노약자는 인공지능에게 '마스크 착용'이나 '실내 환기 시간 조절' 등의 구체적 조언까지 받을 수 있다. 출근하는 직장인에게는 "30분 뒤 비가 시작되니, 출발 시간을 15분만 조정하면 우산 없이 이동할 수 있다"라는 정보를 제공할 수 있을 것이다.

그러나 이러한 맞춤형 기상 서비스가 실현되기 위해서는 개인 정보와 기상 데이터가 결합되는 과정에서 데이터 관리가 반드시 필요하다. 기존의 기상 정보는 누구나 동일하게 제공받는 공공 데이터의 성격이 강했지만, 이제는 사용자의 건강 상태, 위치 정보, 생활 패턴 등을 반영한 맞춤형 서비스로 발전하고 있다. 개인의 특성과 실시간 기상 조건을 결합하면, 단순한 날씨 예보를 넘어 건강 관리, 일정 조정, 이동 경로 최적화 등 다양한 맞춤형 조언이 가능해진다. 인공지능이 사용자별 기상 데이터를 분석하고 생활 속에서 실질적인 도움이 되는 정보를 제공하는 시스템으로 구축됨에 따라, 날씨 정보는 단순한 참고 자료를 넘어 개인의 건강과 일상에 필수적인 데이터로 활용될 수 있을 것이다.

이러한 과정에서 기상 데이터와 개인 정보가 통합되어야 하기 때문에 데이터 관리와 데이터 신뢰성 문제를 고려해서 서비스를 계획해야 한다. 사용자의 건강 정보나 위치 데이터가 외부로 유출되지 않도록 보안 기술을 적용해 데이터 활용 과정에서 신뢰할 수 있는 서비스 환경을 조성할 수 있도록 관리해야 한다. 이를 통해 기상 정보와 개인 데이터가 통합되어 활용될 때, 사람들은 각자 상황에 특화된 더욱 정교한 기상 예측과 기상 데이터를 바탕으로 실질적인 도움을 받을 수 있을 것이며 이러한 서비스는 앞으로 더욱 다양해질 것이다.

참고문헌

Heffer, C., & E. L. L. A. Brazil.(2013). Rio de Janeiro city's early warning system for heavy rain, *Policy Brief ELLA.*

10
기상학자와 인공지능의 협력

기상학 분야에서는 오랜 시간 기상학자들이 컴퓨터를 활용해 계산, 분석, 예측을 진행해 혁신적인 발전을 이루어 왔다. 인공지능이 기상 현상을 분석하고 이해하는 새로운 도구로 자리 잡아 가고 있는 시점에 인공지능이 기상 예측 및 의사 결정에 기상학자들과 어떻게 협력해 기여할 수 있을지 살펴본다.

종교와 AI?

AI 에이전트와 시작될 새로운 협업 방식

2025년 한국 대학수학능력시험에서 인공지능이 국어와 수학 모두 1등급을 받았다. 1등급은 상위 4%에 해당하는 성적으로, 이는 인공지능이 인간의 언어 및 수학적 추론 능력에서도 상당한 수준에 도달했음을 의미한다. 이미지넷 경진 대회 이후 인공지능이 인간의 시각 처리 능력을 뛰어넘은 데 이어, 이제는 언어 이해와 논리적 사고에서도 인간과 경쟁할 수 있는 시대가 온 것이다.

이처럼 뛰어난 인공지능이 앞으로 다양한 분야에서 활약하는 것은 당연한 흐름이 될 것이다. 그렇다면 우리는 이러한 인공지능을 어떻게 받아들이고 활용해야 할까? 최근 주목받고 있는 변화는 인공지능이 단순한 도구를 넘어 에이전트(AI Agent)로 발전하는 방향이다. 에이전트화된 인공지능은 스스로 환경을 인지하고 학습하며, 다양한 소프트웨어를 다룰 수 있을 뿐만 아니라, 다른 인공지능과 협력해 작업을 수행할 수도 있다. 이에 따라 우리가 이 인공지능 에이전트에게 어느 정도 자율성을 허용할 것인지가 중요한 이슈로 떠오르고 있다.

기상 분야에서도 인공지능 에이전트의 활용은 상당한 변화를 가져올 것이다. 미래에는 사람이 직접 기상 관측 장비를 설치하고 유지 보수하는 번거로움 없이, 인공지능이 스스로 기상 정보를 수집하고 분석하는 시대가 열릴 수 있다. 예를 들어 도심과 외곽 곳곳에 배치된 인공지능 기상 관측 센서는 실시간으로 날씨 데이터를 측정하고 일부는 드론에 탑재되어 공중에서 보다 정밀한 정보를 수집할 수도 있다. 이들은 단순히 데이터를 모으는 역할을 넘어 지형과 과거 기상 데이터를 고려해 어느 지역에서 어떤 데이터를 추가로 확보해야 하는지 스스로 판단하며 움직일 수 있을 것이다.

이 센서가 이상 기상 패턴을 감지하면 자동적으로 보다 정확한 분석을 위해 해당 지역을 집중 관측하고 관측된 데이터를 인공지능 모니터링 시스템에 전송한다. 인공지능 모니터링 시스템은 수집된 데이터를 비교 분석해 정상 범위를 벗어난 이상치를 식별하고, 이상치가 단순한 기기 오류인지 실제 위험 기상 신호인지를 확인한다.

모니터링 시스템에서 기기 오류라고 판단되면 센서의 유지 보수를 담당하는 인공지능 센서 유지 보수 관리시스템에 알람을 보낸다. 센서 관리 시스템에서는 오작동 원인을 분석해 센서가 자가 교정하도록 명령하거나 더 정밀한 검사가 필요할 경우 센서가 정비 센터로 갈 수 있도록 지시해 보다 정밀한 수리를 진행하도록 한다.

위험 기상이 발생할 신호라면 수집된 데이터가 분석

담당 인공지능에게 전달된다. 이 분석 인공지능은 모든 기상 데이터를 종합해 현재 상태를 가장 정확하게 설명하고 예측할 수 있는 모델을 설계하고, 추가 정보가 필요할 경우 인공지능 센서에게 추가 관측을 요청한다. 분석이 끝난 데이터는 예측 인공지능에게 전달되어 기상 예측을 수행하도록 한다. 예를 들어 24시간 이내에 집중 호우가 발생할 가능성이 높다는 결론이 도출되면, 이 정보는 즉시 인공지능 경보 시스템에 전송되어 주민들에게 알림을 보내고 재난 대응 센터에도 그 정보를 공유한다.

재난 대응 센터는 방송 등 다양한 경로를 통해 시민들에게 경고 메시지를 전달하며, 동시에 도시 인프라 관리 인공지능에게도 알림을 보내 예상되는 재난에 대비해 위험 지역이 사전에 재난에 대비할 수 있도록 하고, 네비게이션 시스템을 조정해 최적의 우회 경로를 안내할 수 있도록 한다. 또한 전력 및 상하수도 시스템이 기상 변화에 맞춰 자동으로 조정되도록 관리해 피해를 최소화한다.

이처럼 인공지능은 단순한 예측 모델을 넘어, 서로 소통하며 문제를 해결하고, 최적의 대응책을 찾아 실행하는 역할을 할 수 있도록 변해 가고 있다. 인간의 개입 없이도 신속하고 효율적인 대응이 가능해질 수도 있다. 물론, 아직은 미래의 시나리오일 뿐이다. 하지만 이러한 기술이 점진적으로 도입되면 우리는 곧 스스로 동작하는 기상 센서를 목격하고, 인공지능이 보내는 경고 메시지를 받게 될 수도 있다. 기상 분야에서도 인공지능 에이전트의 역할은 점점 확장될 것이며, 이는 자율 관측, 실시간 분석, 예측 모델링, 재난 대응까지 유기적으로 연결되는 시스템으로 발전할 가능성이 크다.

그렇다면 '이러한 시대에 기상학자는 어떤 역할을 하게 될까?' 이 질문은 곧 '인공지능이 인간보다 더 똑똑해졌을 때 기상학자는 인공지능과 어떻게 협력해야 하는가?'라는 질문으로 확장될 수 있다.

이 문제는 단순히 기술적 발전의 논의가 아니라 인공지능의 자율성을 어디까지 허용할 것인가라는 가치 판단과도 연결된다. 자동화된 시스템을 활용한다고 하더라도 우리는 결국 일정 수준 이상의 자율성을 부여해야 할 것이며, 이 자율성의 범위를 설정하는 것은 인간의 몫이기 때문이다. 특히 기상 예측과 재난 대응 같은 중요한 의사 결정에서 최종 판단 권한을 인공지능에게 넘길 수는 없다. 아무리 정밀한 분석과 예측을 제공한다고 해도, 기후와 재난 대응은 단순한 데이터 문제가 아니라 윤리적 · 사회적 합의가 필요한 영역이기 때문이다.

따라서 기상학자는 단순히 인공지능이 생성한 결과를 수용하는 것이 아니라 이를 지속적으로 검증하고 보완하고 사회적으로 합의된 결과를 도출할 수 있도록 최종 의사 결정자의 역할을 해야 한다. 예측 결과가 현실적으로 타당한 물리적 의미를 갖는지 확인하고, 인공지능 에이전트들이 협력해야 할 범위를 설정하며, 새로운 관측 방법과 분석 기법을 개발하는 역할도 여전히 인간의 전문성이 요구되는 부분이다. 인공지능이 발전할수록 기상학자의 역할은 의사 결정자로서, 그리고 기술을 조정하는 설계자로서 중요해질 것이다.

AI 에이전트와 협업하는 기상학자 A의 하루

새벽 5시. 어둠이 채 걷히지 않은 시간, 기상학자 A의 침실 벽은 서서히 푸른 빛으로 물들었다. A가 잠들어 있던 중에도 도시 전역을 모니터링하던 워처는 분산된 기상 센서와 드론, 위성 정보 중 특이 패턴이 감지되자 A에게 부드럽게 알림을 주도록 A의 스마트폰에 명령을 내렸다. A는 아침을 여유롭게 시작할 생각이었으나, 워처가 전송한 메시지에 눈길이 갔다.

"서울 도심에서 호우 발생할 확률 73%."

A는 잠이 덜 깬 눈으로 메시지를 확인한 뒤 센서봇에게 추가 상황을 물어보기로 했다. 최근에 워처가 보낸 알람이 호우 발생 확률을 과하게 예측하는 경향이 있어, 센서봇에서 관측된 어떤 자료가 호우 발생 확률을 높였는지 확인할 필요가 있었다. 센서봇은 이미 여러 대의 자율드론을 서울 곳곳으로 보내 풍향, 온도, 기압, 습도를 집중 관측하고 있었다. 센서봇은 A의 요청에 따라 어떤 자료가 호우 발생 확률을 높였는지와 최근 호우 발생 확률을 과대 추정한 것이 이번 상황에도 적용 가능한 오류 패턴인지 애널라이저에게 분석을 지시한다.

사무실에 도착하자마자 A가 찾은 곳은 기상 통합 상황실이었다. 이곳에 있는 고해상도 스크린에는 전 세계와 도시 전역의 3차원 기상 데이터가 시시각각 업데이트되어 디지털 트윈 플랫폼을 통해 시각화되고 있다. 애널라이저는 사무실 출발 전 요청했던 분석 결과를 AI에게 공유한다. 분석 결과 이번 호우 예측은 최근 몇 개의 사건에 대해 과대 추정한 것과는 다른 패턴으로 확인되었다. 애널라이저는 실시간으로 분석한 관측 데이터를 자동으로 포캐스터에게 전달해 예측 값을 계산할 수 있도록 한다.

"서울 전역에서 대기 불안정도가 높아지고 있고 서쪽

에서 많은 양의 수증기가 유입될 것으로 예측됩니다."

A가 지켜보고 있는 스크린에서 음성 서비스로 분석 서비스가 안내된다. 그리고 센서봇 중 특정 드론 한 대에서 이상 관측치가 탐지되었다는 경고를 받는다.

"새벽에 가벼운 드론 충돌 사고가 있었고, 사고 드론 중 한 센서에서 이상 수치가 관측되고 있습니다. 자가 점검 후에도 계속 이상 수치가 탐지되고 있는데 수리 센터로 보낼까요? 먼저 데이터 분석이 필요할까요?"

"부품 교체가 필요할 수도 있으니 수리 센터에 부품이 있는지 확인하고, 그전에 이상 수치에 대해서는 애널라이저에게 전달해서 드론 충돌 사고 때문인지 아니면 이상 기상이 탐지된 것인지 분석하면 좋겠어. 그리고 이 이상이 예측된 호우 관련된 것이지 분석해야겠어. 추가로 서쪽에서 어느 정도의 수증기가 유입될 것인지, 그리고 지난주 침수 사건이 있었던 지역에 얼마나 많은 양의 비가 내릴지 예측된 결과를 공유해 줘."

A는 커피를 한 모금 마신 뒤 포캐스터가 출력한 예측 그래프를 유심히 살폈다.

"수증기 유입이 지속되어 비가 장기간 지속된다면 위험 요인이 증가하겠군, 수증기 유입에 대한 변동이 지금까지의 기후 패턴과 달라졌는지 추가 분석이 필요하겠어, 돌풍이 동반되는지도 모니터링해야겠군.”

A는 잠시 후 애널라이저에게 새로운 지시를 내렸다. “최근 10년간 서울 지역 수증기 유입 패턴을 분석해 주고 기후 변화와 관련해 유의미하게 변동하고 있는지 분석해 줘. 돌풍이 예상되는지도 확인해야 하니 지금보다 더 촘촘한 바람 관측이 필요할 것 같아.”

애널라이저는 곧장 센서봇에게 명령을 내려 서울 전역에 설치된 자율 관측 센서가 집중 관측 모드로 동작하도록 하고, 관측 빈도를 늘려 돌풍 예측에 필요한 정보를 수집하기 시작한다. 센서봇으로부터 관측된 실시간 데이터가 애널라이저로 들어오자 애널라이저는 바로 포캐스터에게 전달할 현재 대기 상태를 설명하는 초기장을 만들고 포캐스터는 고해상도 분석이 가능한 예측 모델을 이용해 새로운 데이터로 업데이트된 예측 결과를 생산한다. A는 한 과정 한 과정 인공지능끼리 알아서 소통하는 것에 놀라면서도, “최종 결정은 내가 내려야 한다”라는 생각을 되새겼다.

모델이 아무리 빠르게 정답에 가까운 값을 내놓아도, 그 값에 편향은 없는지, 모델의 예측 정확도가 변하지는 않는지 계속해서 모니터링하며, 현재 위험 알람에 대한 신뢰도를 평가하고 인공지능 에이전트의 개선 방향에 대해 검토하는 것은 여전히 A가 다른 동료 기상학자들과 논의해서 결론지어야 할 영역이기 때문이다.

정오가 가까워지자 인공지능 에이전트 얼럿이 요란한 주황색 시각 신호와 함께 컨트롤룸 곳곳에 경고를 띄웠다.

"공항 가까운 구역에서 국지적 집중 호우 가능성 확대. 강풍 동반 시 피해 우려."

얼럿은 기본적으로 어느 수준 이상의 위험도가 감지되면 자동으로 경고를 발령하고, 시청 재난 담당 부서와 민간 플랫폼에도 알림을 전파한다. 기상학자인 A는 서울시 재난 담당 공무원에게 이번 경보 알람에 대한 신뢰도 수치를 설명하고, 인공지능 에이전트가 최근에 오보한 사건에 대한 분석 결과도 함께 전달해 의사 결정자들이 경보 알람에 대한 대응책을 마련하는 데 필요한 근거가 되는 기상 정보들을 전달한다.

하루가 끝날 무렵 A는 워처가 하루 동안 수집한 '이상치 로그'를 훑어본다. 오늘 이상치를 보인 드론은 결국 센서 오작동으로 판명되었고, 이 이상치를 포함해 오늘도 로그에는 20여 건 이상에 대한 기록이 있었다. 워처가 기본적으로 스스로 이상치를 분류하고 있지만 완전히 판별하기 어려운 애매한 사례가 늘 존재하기 때문에

A의 검토가 필요한 것이다. A는 이 로그들을 보며, 전문 지식을 바탕으로 해석하고 워처가 주로 틀리는 판단에 대해 개선 방향을 고민한다.

A는 사무실 한쪽에 마련된 '연구 구역'으로 향한다. 이곳에서는 새로운 기상 모델을 개발하거나 과거 데이터와 인공지능이 산출하는 지표를 비교해 불확실성을 정량화한다. A는 인공지능이 아직 완벽히 이해하지 못한 위험 기상 현상에 대해 지속적으로 연구하고 있다. 인공지능 에이전트를 통해 효과적인 데이터 수집과 빠른 예측 결과 도출이 가능해졌지만, 인공지능 에이전트를 검증하고 더 나은 결과를 만들기 위한 실험의 우선순위를 결정하는 것은 여전히 기상학자의 몫으로 남아 있다.

이렇게 기상학자 A의 하루는 마감된다. 인공지능 에이전트들과의 협력 업무가 주를 이루었지만 미래의 기상학자는 단순한 인공지능 '관리자'가 아닌 학술 전문가로서 인공지능 에이전트를 평가하고 검증하는 데 필요한 중요한 의사 결정을 내리는 역할을 할 것이다. 또한 인공지능 기술이 더욱 정교하고 신뢰할 수 있는 예측 시스템으로 발전하는 데 기상학자들은 계속 중요한 역할을 해 나갈 것이다.

참고문헌

박인규(2025.1.9). [칼럼][ESC와 함께 하는 과학산책] 추론형 인공지능, 수능 1등급을 받다, https://www.esckorea.org/soopsci_story/?idx=140784099&bmode=view

최예지

디아이랩(주) 연구소장이다. 연세대학교에서 대기과학을 전공하고 동 대학원에서 박사 학위를 받았다. 학위 논문으로 마이크로파 기상 위성을 활용한 강우 강도 산출 알고리즘 개발을 연구했다. 박사후연구원으로 한국과학기술정보연구원에서 인공지능 연구를 시작했으며, 이후 (주)에스아이에이에서 기상기후팀 팀장으로 인공지능 기반 기상서비스의 연구 개발을 총괄했다. 에이아이프렌즈 이사로 활동하고 있으며, NVIDIA의 Deep Learning Institute Ambassador와 UN의 Shespace 멘토로 기후 변화, 인공지능, 위성 영상 분석 관련 강의를 진행했다. 저서로 『인류와 공존하는 미래, 인공지능』이 있으며, 인공지능 기법을 기반으로 위성과 기상 관측 데이터를 활용한 대기 상태 분석 및 예측 연구에 관심이 많다. 관련 연구를 SCI급 국제 학술지와 인공지능 분야 최상위 학술대회에 발표했다.